最好的教养

别错过
孩子的
4~7岁
成长关键期

[韩] 李林淑 / 著 王春潮 / 译

中国传媒大学出版社
·北京·

图书在版编目（CIP）数据

最好的教养：别错过孩子的 4~7 岁成长关键期 /（韩）李林淑著；王春潮译 . -- 北京：中国传媒大学出版社，2024.10
ISBN 978-7-5657-3511-0

Ⅰ. G781

中国国家版本馆 CIP 数据核字第 20244TX733 号

Original Title : 4~7 세보다 중요한 시기는 없습니다
"4~7 세보다 중요한 시기는 없습니다 " by Lee Im-Sook
Copyright © 2021 by Lee Im-Sook
All rights reserved.
Original Korean edition published by Cassiopeia Publishing Company
The Simplified Chinese Language edition © 2024 Beijing Jinri Jinzhong Bookselling Center
The Simplified Chinese translation rights arranged with Cassiopeia Publishing Company through Enters Korea Co., Ltd., Korea.

本书中文简体版由北京今日今中图书销售中心授权中国传媒大学出版社在中国大陆出版。非经书面同意，不得以任何形式任意复制、转载。

北京市版权局著作权合同登记图字：01-2023-0228号

最好的教养：别错过孩子的 4 ~ 7 岁成长关键期

ZUIHAO DE JIAOYANG: BIE CUOGUO HAIZI DE 4~7 SUI CHENGZHANG GUANJIAN QI

著　　者	[韩]李林淑		
译　　者	王春潮		
策　　划	马双才		
责任编辑	欧丽娜		
封面设计	北京今日今中		
责任印制	李志鹏		
出版发行	中国传媒大學出版社		
社　　址	北京市朝阳区定福庄东街1号	邮　编	100024
电　　话	86-10-65450528　65450532	传　真	65779405
网　　址	http://cucp.cuc.edu.cn		
经　　销	全国新华书店		
印　　刷	北京荣泰印刷有限公司		
开　　本	880mm × 1230mm　1/32		
印　　张	8		
字　　数	173 千字		
版　　次	2024 年 10 月第 1 版		
印　　次	2024 年 10 月第 1 次印刷		
书　　号	ISBN 978-7-5657-3511-0 / G · 3511	定　价	49.80 元

本社法律顾问：北京嘉润律师事务所　郭建平

序言

如果还能回到孩子 4~7 岁的时候

"5 岁的时候,我被妈妈痛打了一顿才学会识字。"

一个 10 岁的孩子一边眼含泪水,一边向我描述妈妈教导自己识字时的蛮横模样。如果孩子幼小的心灵中存在如此痛苦的记忆,那么随着孩子慢慢长大,他自然会觉得校园生活和学习苦不堪言。可是,妈妈真的会因为学习问题而痛打孩子吗?孩子所拥有的记忆是不是被夸大的情感记忆呢?这些都需要进一步确认。

"您刚开始教孩子学习的时候一定很辛苦吧?冒昧地问一下,您是不是体罚过孩子?"

听罢这句话,妈妈无奈地长叹一声说道:

"不管我教他多少遍,他就是记不住,我实在太生气了,就稍微打了几下他的手。话说回来,孩子还记得这些吗?"

妈妈说稍微打了几下孩子的手，孩子却说被妈妈痛打了一顿，两个人之中到底是谁说了假话？如果两个人都没有说谎，那么为什么两个人的记忆会出现如此巨大的差异呢？因为孩子的心中充满了委屈和恐惧，哪怕妈妈只是轻轻地打一下他的手背，他也会留下仿佛被痛打一顿的情感记忆，随着时间的推移，这些情感记忆像真实发生的事实一样被保存了下来。虽然这个孩子学习不错，6岁就能识字，数学也很优秀，但是对他而言，学习是一种负担，就像一块压在胸口的巨石。三年级的他在日记里写下了这样的话："我就是一个傻子，还不如一死了之。"

这不仅仅是一个孩子的故事。25年前，我刚刚开始学习儿童心理学的时候就听过这样一个事实：在韩国，70%的儿童情绪问题都是由学习引发的。如今我已从事青少年儿童心理咨询多年，在我看来，当下的情况比当时更为严峻。虽然父母前来咨询的问题一开始都是关于亲子关系或者朋友关系的，但最后都会归结于孩子的学习问题。看到这样的现实，我倍感惋惜与焦虑。每当这个时候，一个念头总会萦绕在我的心头。那就是我迫切希望自己能够重新回到孩子4~7岁的时候，重新参与孩子的情绪和认知发展过程，认真培养孩子的学习力。

我所强调的学习力并不仅仅是指学习能力。真正的学习力是喜欢学习、享受学习的积极情绪，是相信自己可以做得更好的学习自信心，是即使困难重重也能坚持到底的学习态度，是一种认知能力和非认知能力并重的学习观念。而想要培养孩子的学习力，4~7岁是最重要的时期。4~7岁是大脑中负责听觉、语言的颞叶以及负责思维、认知记忆和情感的额叶集中发育的时期。换句话说，这一时期是培养孩子情绪和认知发展的关键时期，这一时期也决定了孩子一生的学习力水平。

没有人希望自己的孩子在成长过程中因为学习而备受挫折，但是现实中很多孩子都在学习的"苦海"中痛苦挣扎。为人父母都希望自己的孩子能够快乐学习，都希望其拥有积极的学习情绪、强大的学习自信心、成熟的学习态度和优秀的学习能力，但是学习和游戏非此即彼的想法将学习和游戏推向相互对立的两个极端，铸成了不得不二者选一的现实，结果造成4~7岁的孩子既不能尽情地玩耍，也无法快乐地学习。这令人遗憾的现实让我深刻认识到不能再推迟本书的创作了。

培养孩子的情绪和认知能力有一套简单、有趣且高效的方法：通过读书获取背景知识，通过多种多样的经历获取隐性知识，通过找茬游戏、听说游戏和记忆游戏培养注意力，通过自我克制和自我激励培养自我调节能力。"知识、注意力、自我调节能力"是培养孩子积极的学习情绪和扎实的学习能力的3把魔法钥匙。我之所以给它们冠以魔法之名，是因为这些方法刚开始的时候效果甚微，但是随着孩子慢慢长大，它们会发挥出强大且神奇的作用。

我的两个孩子相差一岁，怀着守护孩子笑容的殷切希望和学习娱乐本就一体的坚定信念，我努力运用这3把魔法钥匙来培养孩子。值得庆幸的是，通过他们的成长轨迹，我一次又一次见证了这种魔法的强大和神奇。因为担心这种看法是我的主观臆断，所以我拜托自己的两个孩子为本书撰写推荐序。因为我很好奇他们对自己从小经历的亲子教育有何意见或建议，所以我希望他们讲述一下自己小时候关于游戏和学习的经历。之前两个孩子一直不让我在课堂或者书中提到自己，这次他们却欣然接受了我的请求，对此我很感激。与此同时，我也对曾经陪孩子漫山遍野抓蝴蝶、与孩子一起玩骑马游戏及桌游的丈夫深表感激。

身为人母30年，从事儿童心理创伤治疗20年，我希望自己抚育两个孩子的经历和工作期间积累的经验能够帮助广大父母，成为他们培养4~7岁孩子情绪和认知发展道路上的指路明灯。

李林淑

推荐序①

女儿的自述

每当乘车去外婆家的时候,妈妈、弟弟和我就会玩"车窗外面有什么"的游戏。这个游戏的规则就是不能重复别人说过的东西,因此从那时起,我便会认真地思考耕地的"黄牛"与产奶的"奶牛"之间的差异,也会特殊留意一下"土豆""洋芋""马铃薯"等含义相同的词语。

妈妈没有让我和弟弟做数学习题册,而是和我们一起玩数字游戏,尽管当时的我并未意识到这也是学习数学的一种方式。我们玩过通过数数和猜拳决定输赢的吃子游戏,还玩过用多个骰子来凑十的游戏。

上小学的时候,关系亲近的朋友经常在学校里提及上课外补习班时发生的事情。我担心与朋友们变得疏远,缺乏共同话题,便缠着妈妈让我跟朋友一起去上课外补习班。上了一段时间之后,我发现自己难以适应,最后还是放弃了。在补习班里,需要久坐不动,这远远超过了我所能承受的极限。不知道是不是因为我从未接受过"提前教育",刚开始的时候我总是慢人一步。上小学低年级的时候,有一次测试字词听写，满分100分，我只得了20分，因此放学后不得不坐在教室里将这些字词抄写20遍。初中入学后的第一次期中考试，在所有朋友里，我是考试成绩最差的那一个。

即使面对这样的结果，妈妈也毫不在意，她总是会语重心长地安慰我，询问我的心情以及接下来的计划。面对惨不忍睹的成绩，我心急如焚地问妈妈："我觉得自己也应该做一下习题册了，你能买给我吗？"妈妈二话不说，立刻就去书店买了几本习题册送给我。

后来，我有幸以第一名的成绩从高中毕业，考入了自己梦寐以求的大学，现如今我对自己的工作很满意，生活也过得很快乐。我常常想，虽然刚开始的时候我的学习情况并不乐观，但我之所以能享受学习过程并取得好的结果，应该与妈妈无言的帮助是分不开的。

妈妈在抚育我和弟弟以及帮助前来进行心理咨询的儿童的过程中积累了很多方法和经验，它们都被尽数收录在本书中。这些方法并没有想象中那么难，很容易上手。最重要的是，这些方法都是以游戏的形式对孩子进行认知训练，可谓寓教于乐，既避免了勒令孩子坐在书桌前解答习题册的主观强迫，也消除了逼迫孩子去补习班时发生的诸多摩擦。等到我的孩子年满4岁的时候，我也打算重新看一遍这本书。妈妈，小外孙也得请您多费心了，哈哈！

对您心怀敬意的女儿

（32岁，律师）

推荐序 ②

儿子的自述

左脚的拖鞋穿在右脚上,右脚的拖鞋穿在左脚上,连说一句"妈妈,我肚子饿了"都吐字不清,这就是儿时的我。同龄的朋友背诵英文字母的时候,我连基础的拼音字母都不认识,就连学走路我都比同龄人晚了整整一年。但是这些并不要紧,我反而为自己感到骄傲,因为在这个世界上,对我来说胜于一切的爸爸妈妈总是挂着灿烂的笑容守护在我的身旁。

在爸爸妈妈口中,将拖鞋穿反的我是一个懂得耍帅的孩子,吐字不清的我是一个有谐星天赋的孩子,不认识拼音字母的我是一个对数字颇为敏感的孩子。我想大概从那个时候起,我就对自己充满了自信:哪怕开始比别人慢了一步,我也能后来居上。

我们家有很多书,当然不识字的我理解不了这些书的内容。但是我认识数字,喜欢一边看书中的插画和数字,一边想象书中描绘的内容。之后等到爸爸妈妈读给我听的时候,我才知道书中的故事与我之前想象的完全不同,但我仍然非常开心。爸爸妈妈看到我开心的样子,他们的脸上也会露出明媚的笑容。

我比较争强好胜，经常跟小区里的哥哥姐姐们一起玩桌游，可我连基本的游戏规则都搞不懂，因此总是输多胜少。尽管如此，我仍然乐此不疲。

"你做得太棒了。你是怎么想到的？我发现你的能力越来越强了。把力所能及的每一件事都做到最好，你就是最棒的。"

每当我快要输掉或者已经输掉游戏的时候，妈妈的话总是让我觉得自己已经做得很好了。后来不知道从何时起，我和哥哥姐姐们一起玩游戏就变得平分秋色，有输有赢了。

上幼儿园的时候，我最开心的时光就是幼儿园校车到来之前的那半个小时，因为我和妈妈会提前出门一起去打羽毛球。打完羽毛球再去幼儿园，我一整天的状态都会特别好。从那时起，我开始明白运动能够让人心情愉悦这个道理。

对父母来说，孩子就像一粒寄托着自己的希望和祝福的种子。但对这粒种子来说，父母就是世界的全部，父母的笑容是照耀种子的灿烂阳光，父母温暖的话语是呵护种子的和煦微风。我要把这本书推荐给所有爸爸妈妈。与此同时，我要感谢我的爸爸妈妈，他们给我创造了一个温暖的港湾，时至今日，每当我感到疲惫的时候，都可以在那里休息停留。

对您心怀敬意的儿子

（31岁，英才教育院研究员）

目 录

Part 1
为什么 4~7 岁是孩子的成长关键期？

父母在孩子 4~7 岁时最大的烦恼   003
- 焦虑的父母   003
- 良好的学习态度比知识更重要   006
- 父母关于学习的固有观念   008
- 为了孩子的学习，父母必须具备的 5 种能力   011

错误的启蒙教育会毁掉孩子   014
- 凡事都慢半拍的孩子   014
- 学习压力过大的孩子   015
- 没有学习压力，却缺乏自信的孩子   017
- 邂逅令人吃惊的 5 岁孩子   019

孩子最初的学习状态取决于父母   021
- 父母决定了孩子的学习态度   021
- 为什么要进行儿童早教？应该学什么？如何学？   023
- 这是在督促孩子，还是在虐待孩子？   025

4~7 岁，情绪和认知要均衡发展   029
- 影响终身学习的非认知能力   029
- 从"你想做什么？"到"你想做的事情做完了吗？"   033
- 唤醒学习潜能的心智工具（Tools of the Mind）   035
- 帮助 4~7 岁孩子成长的 3 把魔法钥匙   039

Part 2

帮助孩子成长的第一把魔法钥匙：知识

STEP 01 4~7岁孩子所需的两种知识　　　　　　　　047
- 9岁可以看到4~7岁的影子　　　　　　　　　　　047
- 背景知识和隐性知识　　　　　　　　　　　　　052

STEP 02 隐性知识和背景知识所蕴含的力量　　　　　056
- 隐性知识：4~7岁，玩游戏也是学习　　　　　　056
- 背景知识：磨炼学习力的基石　　　　　　　　　060
- 当背景知识遇到隐性知识　　　　　　　　　　　063
- 将获取隐性知识的经历与学习联系起来　　　　　065

STEP 03 扩展知识储备的最佳方式：游戏和读书　　　068
- 背景知识 + 隐性知识 = 综合知识　　　　　　　068
- 游戏的无限影响力　　　　　　　　　　　　　　071
- 10种拓展综合知识的游戏　　　　　　　　　　　074
- 读书的无限影响力　　　　　　　　　　　　　　094
- 10种拓展综合知识的读书方法　　　　　　　　　096

Part 3

帮助孩子成长的第二把魔法钥匙：注意力

STEP 01　4~7岁孩子的学习离不开注意力　113
- 专注力与注意力不是一回事　113
- 专注力强的孩子？注意力差的孩子？　116
- 注意力不足的先天性原因　117
- 注意力不足的后天性原因　122

STEP 02　注意力所蕴含的力量　126
- 4~7岁的孩子应该如何培养注意力？　126
- 父母必须了解的4种注意力　128
- 孩子的行为与注意力之间的关系　132
- 孩子的情绪与注意力之间的关系　135
- 父母必须了解的注意力十准则　137

STEP 03　培养注意力的最佳方式：对话和游戏　139
- 父母一定要亲身实践的4种心理对话方法　139
- 父母和孩子共同参与的注意力提升游戏　149
- 10种培养倾听能力的听觉注意力游戏　151
- 10种培养观察能力的视觉注意力游戏　158

Part 4

帮助孩子成长的第三把魔法钥匙：自我调节能力

STEP 01　没有自我调节能力就无法学习　　167
- 孩子在 4~7 岁时的变化　　167
- 为了未来的学习生涯，孩子在 4~7 岁时应该做的准备　　171
- 现阶段孩子所需要的正是自我调节能力　　173

STEP 02　自我调节能力所蕴含的力量　　176
- 自我调节能力与大脑发育之间的关系　　176
- 培养自我调节能力的方法：依赖与信任，界限与控制　　179
- 自我调节能力与学习之间的关系　　181

STEP 03　培养自我调节能力的最佳方式：游戏和心理技巧　　187
- 7 种疏导情绪的自我调节能力游戏　　187
- 5 种培养自我调节能力的学习方法　　193
- 7 种提升自我调节能力的心理技巧　　198
- 再次邂逅令人吃惊的 5 岁孩子　　202

Part 5

4~7岁孩子的学习启蒙,从现在开始

灵活运用魔法钥匙,培养 4~7 岁孩子的语文学习能力   207
- 4~7 岁的孩子学习语文,不仅限于识字   207
- 3 种教孩子识字的方法   209

灵活运用魔法钥匙,培养 4~7 岁孩子的数学学习能力   215
- 4~7 岁的孩子学习数学,要优先培养数感   215
- 5 种培养数感的方法   217
- 提升数学兴趣和数学能力的桌游   222

灵活运用魔法钥匙,培养 4~7 岁孩子的英语学习能力   227
- 4~7 岁的英语学习也可以很有趣   227
- 简单的日常英语口语   228
- 有趣的英语儿歌教学   233
- 阅前准备是阅读英语绘本的精髓   234

为终身学习力夯实基础的 4~7 岁体能游戏   237

Part 1

为什么 4~7 岁是孩子的成长关键期？

> 父母在孩子 4~7 岁时
> 最大的烦恼

焦虑的父母

"哎哟!您的孩子已经认字了吗?我家孩子还什么都不会呢。"

如今,很多四五岁的孩子已经开始识字,会简单的加法,还能用英语进行日常对话。这都要归功于妈妈们不惜工本地购买学习教具,不辞辛苦地带孩子上语文、数学以及创意培训课,还早早地把孩子送进双语幼儿园。"是不是只有我一个人对孩子放任不管?""我们家孩子会不会输在起跑线上?"是不是一想到这些,你的心头就涌出一阵阵焦躁和不安的情绪?

"现在应该让孩子开始学习吗?应该学些什么?又该怎么学呢?"

随着内心的疑问不断涌现，自己变得越来越焦虑。本想着孩子正处于天真烂漫、无忧无虑的年纪，只要他能够尽情玩耍、健康茁壮地成长就足够了，但是迫于现在的教育形势，不得不强迫这么小的孩子开始学习，因此自己心里五味杂陈；孩子刚出生的时候就暗下决心，自己一定不会因为学习问题而折磨他，如今却又心存犹豫，到底怎样的做法才是正确的呢……

如果你正在为孩子的教育而苦恼不已，想知道自己的教育方式是否明智可取，那么我来告诉你一个标准。这个标准就是情绪和认知的均衡发展。它是判断父母所采取的教育方式是否符合孩子发展规律的评判基准。换言之，父母既要重视孩子认知能力的发展，也要兼顾孩子情绪能力的培养。虽然这听起来像是照本宣科，但是二者的均衡发展十分重要。

试想一下，有一个4岁的孩子，他既会算术，又能认字，还会英语，然而情绪极不稳定。在家里，只要有一点儿不满就大喊大叫，乱摔东西；在幼儿园肆意妄为，占有欲强，无法与同学和睦相处。这样的孩子算得上是健康成长吗？反之亦然。假如一个7岁的孩子性格活泼开朗，和朋友相处有礼有节。但是这个孩子现在还不识字，从1数到10都经常数错，理解能力也落后于同龄孩子。这种情况也同样令人担忧。

父母都不希望上面的情况发生在自己的孩子身上，然而他们并不知道，自己错误的育儿观正在将孩子推向失衡的深渊。有些父母一心希望自己的孩子将来能够聪明好学，因此为他安排英语、语文、数学等各种认知教育课程；有些父母觉得比起学习，孩子能够健康快乐地成长更为重要，所以故意推迟认知启蒙教育；还有一部分父母认为"儿孙自有儿孙福"，对孩子放任不管，白白虚度了大把宝贵的时光。

父母们需要明白，这些极端的育儿观会导致孩子的情绪和认知发展失衡，最终带来意想不到的问题。让孩子学习不是为了竞争，而是为了培养孩子稳定的情绪和良好的认知能力。如果父母觉得四五岁的孩子开始学习为时尚早，或者觉得学习非常重要，哪怕是强迫也要让孩子学习，那么这个问题就更需要引起注意了。父母需要自我反省一下，看看自己对学习是否持有错误的固有观念。

孩子在情绪稳定的基础上正式开始学习的时期是4岁左右。这个时期，孩子的求知欲和探索世界的欲望十分强烈，每当他们掌握了新知识的时候，内心都会感到满足。因此，父母可以在这个时期适当地教孩子一些语文和数学知识，训练孩子说几句简单的英语。但是这里还有一个重要的前提条件，那就是父母所采用的教育方法，必须既能培养孩子在情绪方面的自信心，又能培养孩子的学习自信心。换言之，就是保证孩子在玩得好、性格好的同时，兼顾其社会性及学习力的培养和提升。

想要让孩子拥有健康的学习自信心和高效的学习力，最重要的不是"应该教孩子学什么"，而是"如何去教"。也就是说，与"学习内容"相比，随着学习内容或者学习方式的不同而发生变化的"学习情绪"才是最重要的。无论孩子已经掌握了多少知识，只要他对学习产生厌烦和抗拒的情绪，那么他学习启蒙的第一步就是失败的。我想再三强调的是，在培养孩子好奇心和求知欲等学习能力的同时，一定要兼顾孩子的情绪发展。

良好的学习态度比知识更重要

在孩子开始学习之前,父母需要先思考几个问题。对于下列问题,你会给出怎样的答案呢?

- 如果孩子大喊"我不想数数",应该对他说些什么呢?
- 如果孩子说"我讨厌识字,我不学",然后跑到一旁玩玩具,应该如何继续教他学习呢?
- 妈妈说了几句英语给孩子听,结果他一边说"你别说了",一边堵住了妈妈的嘴;给他播放英语动画片,他却非要嚷着看中文版的。这个时候应该怎么做呢?

在孩子的学习过程中,上面的情况屡见不鲜。如果你觉得孩子年幼,父母如何引导,他就会如何去做,那就大错特错了。因为在这个时期,孩子的心理调节能力还有待培养,最原始的欲望支配着他们的行为。如果他们对某事感到无趣、讨厌或者困难,就会拒绝尝试。很多教育领域的专家都建议,对于处于4~7岁这一年龄段的孩子,父母可以采用游戏的形式教其学习语文、英语和数学,但是他们却没有明确介绍哪些游戏才是孩子喜欢且愿意接受的。儿童教育专家也只负责解读教材和解释教育方法,而无法传授最重要的实操经验。这些最后都需要父母去亲力亲为,探索尝试。

为了引导孩子学习,有些父母会给孩子报各种兴趣培训班,有些父母会给孩子买各种昂贵的教材和教具,可是倘若孩子对这些兴味索然，父母就会变得不知所措。不得不说，这样的情况真是令人惋惜。错误的启蒙方式会导致孩子越来越厌恶学习，但父母却浑然不知，依然固执己见，一意孤行。其结果就是，在未来20年漫长的学习生涯中，孩子会逐渐失去良好的学习心态，甚至会放弃学习。

如果你觉得我的话有些危言耸听，不妨去问一问那些孩子正处于青春期的父母。你一定会听到许多这样的事例，孩子在年幼的时候迫于父母的压力不得不学习，等到四五年级，青春期来临后，就彻底放弃了学习。更有甚者，不仅拒绝上学，行为越轨，还会出现抑郁、情绪暴躁等其他深层次的问题。谁也无法保证自己的孩子不会变成这样。所以，对于孩子的启蒙教育，采用的方法不同，结果也会不同，对此家长们必须重视起来。身为中学生的家长，这些与孩子学习有关的苦恼和矛盾心理他们都经历过，现在就让我们听听他们是怎么说的吧。

"对于孩子厌学这个问题，我一点儿办法都没有。我把他逼得太紧了，他现在连句话都不愿意跟我说。"

"孩子的学习全靠补习班和家教，他觉得自己好像什么都不会。"

由此可见，孩子不光厌恶学习，他们的自信心也随之跌入谷底，对学习以外的其他事情也毫无兴趣，亲子关系更是变得岌岌可危。谁能想到，我们寄予厚望的孩子以后会如此沉沦。这件事光是想想都觉得难以接受，因此我们必须防患于未然。

如果想让孩子健康快乐地成长，拥有良好的性格品行和优秀的认知能力，有一件事我们必须要牢记，那就是我们在对孩子进行启蒙教育的过程中，只有成功地激发孩子的好奇心和热情，帮助其培养出坚持不懈的学习态度，我们的努力才能转化为孩子的终身学习力。

父母关于学习的固有观念

为了有效地帮助孩子提升情绪和认知能力的发展水平，父母首先要自测一下自己对4~7岁孩子学习的认知情况。让我们一起回答下列问题，按照自己的真实想法判断对（√）错（X）。

（ ）所谓学习指的就是学习语文、数学、英语等科目。
（ ）学习就是坐在书桌前解答习题。
（ ）学习原本就是一件困难且辛苦的事情。
（ ）即便孩子讨厌学习，也要强迫其学习。
（ ）游戏不是学习。
（ ）一旦开始学习，注意力集中的状态必须保持30分钟以上。
（ ）为了培养良好的学习习惯，即便孩子说不想再学了，也得强迫其完成既定的任务。
（ ）越是使用昂贵的教材和教具，学习效果越好。
（ ）父母指导孩子学习容易动怒，所以还是培训机构的教学效果更好。

（　）像做游戏一样去学习其实并没有任何帮助。

0~2个√

对于孩子的学习，你已经掌握了积极有效的引导方法。只要灵活运用孩子喜欢且效果好的学习方法，孩子就能拥有愉快的学习生活。

3~5个√

对于孩子的学习，你拥有积极的经验和观念，但是缺乏有效的方法。如果能掌握一些行之有效的具体做法，你就能更好地引导孩子学习。

6~8个√

你对孩子的学习持有消极的固有观念，所以内心焦虑不安。你应该摒弃那些对孩子没有帮助的观念和方法，积极尝试一些更加有效的方式。

9~10个√

你对孩子的学习持有消极且根深蒂固的固有观念，预计孩子今后的学习生活将会面临很大的困难。在孩子正式开始学习之前，你必须改变自己的执念，正确看待游戏和学习的关系，为孩子的学习做好必要的心理准备。

如果你通过自测发现自己对学习持有的观念是消极的，那就应该好好反思一下。因为你带着消极的固有观念，坚持按照自己的想法去引导孩子学习，很可能会导致孩子产生厌学心理。尤其是性格温顺的孩子，即便很累也会听从父母的安排，强迫自己学习，久而久之，便会产生严重的排斥心理。等到青春期来临，孩子就会变得精神萎靡，情绪抑郁或者行为充满攻击性，令全家人都束手无策，头痛不已。

将学习的范畴局限于语文、数学、英语等科目，或者不顾孩子的感受强迫其学习，都是错误的观念。在孩子开始学习之前，父母必须摒弃这些不正确的固有观念，因为这些观念会让孩子产生巨大的心理压力。我们并不否认到了小学高年级，随着学习难度的提升，学习可能会成为一件艰难且吃力的事情。但是对4~7岁的孩子而言，学习应该是快乐的。在这一时期，父母应该采用适宜的方法激发孩子的认知兴趣，培养孩子迎难而上的自我调节能力，让孩子怀着对世界的好奇和对知识的渴望投入到最初的学习中去。虽然孩子现在数数磕磕绊绊，识字也马马虎虎，但他的表情应该是兴奋的，眼神应该是明亮的，整个人的情绪和状态应该给人一种头脑在高速运转的感觉。只有这样，孩子才能在未来的学习之路上越走越远，越走越快。

现在就让我们丢掉那些关于学习的错误观念，只有在正确方法的引导下，孩子才能够实现快乐学习。有两点我们必须牢记：一是无趣的学习方式毫无效果，二是有趣的学习方法一定存在。下面是我总结的4~7岁孩子的学习准则。

4~7岁孩子的学习准则

- 学习的过程必须是有趣的。
- 如果孩子不喜欢当前的学习方式,那就去寻找他喜欢的方式。
- 有比学习教材和做习题册更为高效的学习方法。
- 学会玩知识类的益智游戏。
- 培养学习自信就是培养学习动力。
- 强迫学习只会扼杀孩子的学习动力。
- 寓教于乐能更有效地培养孩子的学习力。
- 引导孩子享受学习。

为了孩子的学习,父母必须具备的5种能力

父母为了帮助孩子学习,需要具备多种能力,而绝不仅仅只需拥有辅导孩子语文、数学、英语等功课的能力。父母要通过扩展和丰富孩子的经历培养其独立思考的能力,要在信息的汪洋大海中鉴别必要和不必要信息,要在周围父母纷纷送孩子去各种补习班的狂潮中坚守育儿初心,要将孩子玩手机的时间维持在一定范围内。更重要的是,父母要在孩子耍赖哭闹或者耍小聪明的时候,知道如何教育孩子,不让其受到伤害。不过,虽然父母需要具备的能力很多,但总体而言可以归结为以下5个方面。

第一，父母应该了解4~7岁孩子的大脑和情绪是如何发育的。4岁的孩子高喊"讨厌，我不要！"的心理原因是什么？孩子追着你问东问西的原因是什么？从儿童发育的层面来说，孩子因为想赢而无理取闹、耍小聪明的行为背后具有怎样的意义？这些都是父母应该知道的事情。只有把这些问题搞清楚，父母才能从容地去应对。

第二，父母需要了解孩子。知道孩子具有怎样的性格，喜欢什么，对什么感兴趣，学习的时候情绪处于何种状态，这很重要。只有这样才可能使孩子情绪稳定，专心学习。

第三，不要怀疑孩子想要好好学习的真心。所有孩子都想好好学习，取得优异的成绩，这是人与生俱来的成长欲求。因此，如果孩子排斥学习，并不意味着他讨厌学习，而可能是他不喜欢现在的学习方式，他渴望父母帮助他找到适合自己的学习方法。对父母来说，明白这点很重要。

第四，找到并且教会孩子快乐学习的方法。有些父母告诉孩子，即便学习再难再苦，也要坚持下去。这种无理要求只会给孩子带来挫败感。父母必须坚信，寓教于乐才是培养孩子情绪和认知发展的最佳方式。

第五，父母应该培养和提升自己的亲子沟通能力。当孩子抗拒学习时，当孩子学习自己不感兴趣的东西时，当孩子总是出错想要放弃时，父母就需要运用良好的沟通能力去引导和帮助孩子重新集中注意力，投入到学习中去。

当然，没有任何父母可以把这一切都做到最好，我在孩子4~7岁的时候也在许多方面有所欠缺。有的方面没做好是因为我当时不了解，有的方面没做好则是性格使然。但是，这并没有影响孩子的进步和发展。所以，父母们不必过分担忧，做得好的方面继续保持，存在欠缺的部分慢慢完善。父母只要循序渐进地完善这些能力，一定可以对孩子的情绪和认知发展给予更多帮助。

> 错误的启蒙教育
> 会毁掉孩子

凡事都慢半拍的孩子

胜贤从小翻身和学步就比同龄孩子晚两三个月。无论做什么,他都比同龄孩子慢半拍。虽然父母很担心,但他也一路茁壮成长。现在他已经5岁了,可以开心地在人前蹦蹦跳跳,身体没有任何问题。可是胜贤妈妈还是十分苦恼,因为胜贤说话比较晚。与同龄人相比,他花了更长的时间才学会叫爸爸妈妈。32个月时,他还只能勉强说出一两个字来表达自己。4岁时,由于语言发育迟缓,胜贤花了很长时间才适应幼儿园的生活。妈妈担心他的语言功能或者智力发展存在问题,所以总是忍不住训斥他讲话要讲清楚,或者让他跟着自己学说话。

胜贤到5岁时又出现了新的问题。他每天都把"我不知道,我做不到,我不想做"挂在嘴边,不管是画画、做手工,还是教他识字,他永远都是这几句话,好在他玩耍的时候依然会开心地跑来跑去。为了激发他的兴趣，妈妈尝试了桌游、唱儿歌等方法，但他对这些都很抗拒。给他读故事绘本，他也不感兴趣。同龄的孩子不仅会数数，而且认识很多字，可胜贤对这些没有丝毫热情，妈妈也越来越担心。胜贤的成长之路为什么困难重重，充满坎坷呢？

学习压力过大的孩子

贤宇的妈妈追求科学育儿，她搜集和整理了很多育儿信息，用孩子喜欢的方式为其规划学习项目，制订学习计划。她觉得双语幼儿园的学费太过昂贵，可不给孩子补习英语又觉得心里过意不去，因此她决定送孩子去普通幼儿园，然后利用课余时间为他补习英语。在为孩子挑选补习班的时候，她会亲自去听说明会，然后带孩子一起参加体验课。在妈妈的努力下，贤宇早早就认识了很多字，也读了很多书。每当周围有人夸奖贤宇聪明的时候，妈妈都觉得很欣慰。但是随着时间的流逝，意想不到的情况出现了。让我们听一听贤宇妈妈的原话吧！

"孩子一不如愿就会生气耍赖扔东西。有时候会打我，有时候会打自己的头，或者用头撞墙，还威胁我说要离家出走。5岁的孩子能说出这样的话吗？我安抚过他，也训斥过他，但是他却变本加厉。孩子发火的时候我应该怎么做呢？我教训他，他反而会叫得更大声。每天早上他都喊着不想去幼儿园，嘴里一直重复着'我讨厌爸爸妈妈。再这样我就打你。妈妈是坏人。妈妈不喜欢我'。他这副愤愤不平、又哭又闹的模样我真的受够了。"

让我们来分析一下贤宇情绪失控的原因。没有养成良好的行为习惯，做错事的时候没有及时得到教育和纠正，平时经常被父母教训致使内心受到了严重的伤害，父母的教育方式与孩子的特质不符……上述原因中到底哪个才是主要原因呢？一般来说，孩子的成长出现问题，最大的诱因可能出在亲子的互动方式上。但将一切都归咎于父母也有失偏颇，而且就目前的情况而言，贤宇的妈妈尽心尽力，对孩子的情绪问题也十分上心。所以，真正的原因其实并没有那么显而易见。

父母要想深入地了解孩子的内心世界，就需要认真观察孩子每天做的事情，认真了解孩子从早上睁开眼睛到晚上入睡之前的所有想法和感受。在这一天当中，肯定有什么事情超越了孩子的承受极限，因此他才会出现情绪问题。检查方法很简单，只需按照时间顺序将孩子一天要做的事情罗列下来即可。我用表格的形式简单整理了贤宇一周的日常生活，非常直观。

星期一	星期二	星期三	星期四	星期五	星期六	星期日
幼儿园	幼儿园	幼儿园	幼儿园	幼儿园	儿童乐园、博物馆等社会性体验活动	与家人一起做游戏或者旅行
运动课	思维课	运动课	游戏课	运动课		
创意课	英语课	数学课	语文课	英语课		

我们通过上表可知，平日从幼儿园放学以后，贤宇还要上两种以上的补习班，到家时已经7点了，吃完晚饭洗漱一下，不知不觉就到了睡觉时间，连与爸爸妈妈一起嬉闹玩耍的时间都没有。在这种情况下，贤宇还要听大人读绘本，还得做幼儿园的作业。一到周六，贤宇还得去参加妈妈提前预约好的儿童乐园活动或各种体验课程。

作为一个5岁的孩子，贤宇的日程安排竟然跟成年人相差无几。虽然孩子很喜欢这些活动，但是这样紧凑的日程安排绝不是一个5岁孩子所能承受的。无论这些活动孩子多么喜欢，按照这样的频率参加也会成为负担，因此孩子才会内心烦躁，任性发脾气。而且长此以往，孩子还会觉得越来越累。

但这并不意味我们要放弃对孩子进行认知教育，而是要讲究科学合理的方法。比如日程安排要在孩子能够承受的范围内，学习方式要寓教于乐。我们要将孩子培养成为热爱学习、自信自强、勇于面对艰难挑战的孩子。我相信这样的方法一定存在。

没有学习压力，却缺乏自信的孩子

两年前，希修的妈妈在其他宝妈的鼓动下，带着孩子去参加了某个补习班的公开课。那是一堂以游戏和活动为主题的数学创意课。孩子去过之后觉得很有趣，嚷着还要去，可实际上她并不想送孩子去补习班。首先上课的孩子都是四五岁，因此授课的内容都很简单。其次，希修的妈妈认为，对于尚且年幼的孩子来说，最主要的任务就是与小区里的孩子们一起在游乐场里玩耍，因此她不想让孩子过早地接受知识教育。她觉得等到孩子上小学后再上补习班也不迟。希修的妈妈还认为，补习班教授的知识孩子在玩耍过程中也能自然而然地学会，她希望孩子可以快乐玩耍，健康成长。因此，她经常与志同道合的人一起带着孩子亲近大自然，孩子也玩得很愉快。

一转眼，希修6岁了，数数还需要依靠手指头，可是他的朋友们已经可以熟练地进行加法运算了。看到这些，希修有些沮丧和气馁。就这样到了7岁，原本开朗大方的希修仿佛变了一个人。他会无缘无故地发脾气，在课堂上开小差，甚至还会在上课期间无端离开教室。后来，老师将希修的情况告诉了希修的妈妈，可她根本不知道孩子为什么会变成这样。为了孩子的健康成长，她在孩子很小的时候就辞职在家，全心全意陪伴孩子成长。她读了很多育儿方面的书，也自认为非常理解孩子的感受。她认为对孩子而言，尽情玩耍是最重要的。她觉得孩子的成长也印证了她的想法，一直以来，希修都开朗大方，自尊自信。然而，孩子在7岁时出现的这一系列问题行为让她百思不得其解。

事实上，当孩子发现自己不如身边的朋友时，内心深处的痛苦是成年人无法理解的。"我没什么擅长的事情，我什么都做不好"，这种可怕的自我认知会导致孩子萎靡不振，再加上孩子缺乏调节难过和愤怒等情绪的能力，因此才会无缘无故乱发脾气。

不少父母认为，只要孩子玩得开心就好，无须过早对孩子进行基础认知教育。这种想法其实是对儿童成长的一种误解。也许四五岁的孩子在看到朋友们能识字，会唱英文儿歌时会感到无所谓，但是我们要知道，孩子绝不会一直都保持这种心态。当孩子六七岁时，再次面对这种情况，就会跟希修一样承受巨大的心理压力。孩子一旦产生了自己不如周围朋友的想法，就会灰心丧气，越来越难以享受学习，不仅如此，只要有一点儿不顺心还会大发脾气。我们可以观察一下，自己的孩子是否也存在类似的情况呢？

：邂逅令人吃惊的 5 岁孩子

并不是所有孩子都像上文提到的胜贤、贤宇和希修一样，存在这样或那样的问题，也有 5 岁就让人赞不绝口、惊叹连连的孩子。现在就让我们通过聪慧的智敏来了解一下我们的孩子应该如何开始学习吧。智敏很会沟通，面对初次见面的陌生人，她会大大方方地打招呼。"这是什么？我从来都没有见过。"一双大眼睛里写满了好奇。"这个我可以玩吗？"她还懂得征求别人的同意。她彬彬有礼地表达自己想法的样子简直太可爱了，让人看了有一种内心得到净化的感觉。

你只要和智敏多待一会儿，就会越来越惊讶。年仅 5 岁的她认识很多字，她不仅能说出自己喜欢的图书的名字，而且对各种恐龙的名称也如数家珍。她看绘本的时候，能凭借天马行空的想象将书中的故事进一步扩展。她画一个苹果机器人，能给你讲解内部的各种装置，比如苹果蒂是天线，苹果内部有香味调节装置和颜色调节装置等。她还会唱简单的英语儿歌。真是一个令人吃惊的 5 岁孩子。

所有父母都希望自己的孩子能像智敏一样优秀，但是为什么大部分孩子会缺乏自信，兴致寥寥呢？这是不同的学习态度所导致的不同结果。在智敏身上，最令人羡慕的不是她的知识储备，而是她对新鲜事物的好奇，不断询问和探索的热情，以及不畏困难坚持不懈的毅力，这些都是她与其他孩子相比最显著的差异。智敏身上的这些品质是 4~7 岁孩子应该具备的学习态度，它们不是与生俱来的，而是后天培养的。即便是天生神童，如果不具备这样的学习态度，久而久之也会泯然众人。

因此，学者们才将与知识学习直接相关的"认知能力"和与学习态度相关的"非认知能力"区分开来。我们需要知道，那些眼睛炯炯有神、享受学习乐趣的孩子，其非认知能力一定非常发达。非认知能力虽然并不可见，但却是对认知能力的形成影响最大的魔法钥匙。想象的力量、表达的力量、实践的力量、永不言弃的力量……这些非认知能力是孩子能够在生活和学习中满怀激情、迎难而上的心理动力，是孩子在开始学习之前就应该具备的重要素质。只有借助这些隐形的力量，孩子的潜能才会随着时间的推移逐渐发挥出来。从现在开始就让我们仔细了解一下决定孩子学习命运的非认知能力的培养方法吧。

> 孩子最初的学习状态取决于父母

父母决定了孩子的学习态度

我们经常可以看到对父母的教养态度进行分类的文章,最具代表性的观点是将父母分为4种类型:民主型父母、权威型父母、纵容型父母和专制型父母。仅从类型名称我们就能清楚地知道各类型父母采取的是怎样的教养方式。但是,孩子作为被教养的对象,我们对他们的实际成长情况却并没有那么关心。

在上文中,我们已经了解了4种类型的孩子:性格有问题且认知发展缓慢的孩子,性格有问题但认知能力突出的孩子,性格好但认知发展滞后的孩子,性格好且认知能力优秀的孩子。我们的孩子属于上述哪种类型呢?

如果你想好好教育孩子,那就认真思考一下吧。不管是有意还是无意,所有父母都已经开始要求孩子学习了,只不过学习的方式有所不同,有的是通过游戏和活动学习,有的是通过家教和辅导班学习。到底选择何种学习方式，关键要看其是否适合自己的孩子。很多父母在不知道自己采用的学习方式对孩子有何影响的情况下，就根据不可靠的信息强行要求孩子学习，最后造成孩子在学习和性格发展方面出现问题。虽然这些问题在孩子年幼时不容易凸显出来，但等到孩子上小学一二年级的时候，问题就会越来越明显。父母都希望将孩子教育好，为此费尽心力，可最后发现自己的努力非但对孩子的性格和认知发展没有帮助，反而还产生了副作用，到时候该有多么后悔啊！

每当我遇到学生因学习而产生严重的情绪问题时，都会忍不住想："如果能回到他4~7岁的时候，帮他重新开启愉快的学习之旅，那该有多好啊！"当然，即便孩子已经厌恶学习，甚至已经完全放弃了学习，那也不算晚。只要立足当下，努力解决问题，孩子的学习力和学习态度也能够发生改变。但是就这种情况而言，孩子在学习的起跑线上已经出现了方向偏差，所以肯定要回到起点重新开始。我当然希望大家不要经历这样的错误。

每个孩子都可以成为闪耀的存在。既勇于表现自己，又懂得照顾朋友的孩子；既能够与朋友愉快玩耍，又可以一个人专注做事的孩子；对数字敏感，喜欢读书的孩子；听喜欢的英文歌曲，可以记住歌词并跟唱的孩子；喜欢玩记忆力游戏、棋牌游戏或策略游戏的孩子……这些孩子身上都有熠熠闪光的优点。相信你也想将孩子培养成这样的人。

现在让我们按照正确的方法开启孩子的学习之旅吧。如果身为父母的你还是对孩子的启蒙教育存在困惑，希望你可以冷静地整理一下自己的思绪。一边觉得让年幼的孩子学习这种想法太世俗,一边又焦虑自己的孩子会不会因此落后于人,这就是很多父母看待学习的矛盾心理。我希望大家能够明白,这种相互矛盾的想法之所以产生,是因为大家对学习持有偏见。就像吃饭和睡觉一样,在孩子的成长过程中,熟悉和掌握新知识的学习活动是每天都不可或缺的,所以孩子不仅应该学习说话、写字、读书,培养数感(即对数的感知能力),还应该学习社会规则和人际交往。如今英语已经成为世界语言,纠结为什么要教孩子学英语没有任何意义。因此,对父母来说,什么时候教孩子学习,如何教才是最重要的问题。

为什么要进行儿童早教?应该学什么?如何学?

为什么要进行儿童早教?应该学什么?如何学?带着这3个问题开始儿童早教是有益而无害的,因为这些问题对孩子的学习态度有着巨大的影响。毫不夸张地说,孩子的学习态度决定了其学习方向。因此,在教孩子学什么这个问题上,父母最应该优先考虑的事情就是培养孩子的非认知能力,但这并不意味着劝导大家不要去教孩子学习具体知识。知识当然应该学习,只是比起学习知识,我们更应该将关注的焦点放在培养孩子的学习心态和非认知能力上。下面请你将第一时间浮现在脑海中的词语填入括号中。

我觉得数学（　　　　　）。

你填写的是什么呢？在孩子 4~7 岁这个阶段，他的数学启蒙一般都是在父母的引导下开始的。如果父母心中对数学根深蒂固的印象就是"很讨厌""很难""学起来很累"，那么孩子几乎不可能愉快地享受数学的乐趣。这一点对教孩子数学的老师也同样适用。如果幼儿园的老师讨厌数学，那么他在教孩子数学的过程中，会不自觉地表现出自己的厌恶之情。实际上，很多研究表明，如果父母和老师不喜欢数学，那么孩子讨厌数学的概率是非常高的。

如果我们认真研读一下相关研究，就能更加深入地了解这一事实。让我们来看一下 2019 年韩国教育课程评价院发布的《关于中小学学习成绩落后的学生的成长过程研究》。研究人员从 2017 年开始，连续两年对 50 名学习成绩落后的学生进行追踪调查，结果表明大部分学生在数学学习上遇到了困难。据调查，学生们最开始出现学习困难的时期是小学三年级学习分数的时候，在这个时期，对数学持消极态度的学生人数显著增加。虽然孩子们觉得分数这个概念既陌生又晦涩，但实际上他们从小就在不知不觉中接触着分数。将苹果一分为二，如果孩子可以用 1/2 来表述这件事，那么他就不可能觉得分数很难。同理，将 1 平均分成 4 份，一份就是 1/4，这个事实对他来说应该也很容易理解。实际上，那些从小便开始通过玩桌游接触分数的孩子能够轻松解答最基础的分数问题。

但是对于内心讨厌数学的父母和老师而言，他们受固有观念的影响，无法有趣且高效地引导和教授孩子学习数学。孩子接受着枯燥无味的教育，在背诵九九乘法口诀的时候还能勉强坚持，等到了小学三年级，面对单位分数、真分数、假分数、带分数等稍微复杂的数学术语时，他们的学习意愿就会彻底消散。因此，父母必须明白，"为什么教孩子学习？学什么？如何学？"这3个问题的答案决定了孩子今后的学习方向。

无论如何，引导孩子走上自发自主、有趣高效的学习之路才是4~7岁孩子的父母最应该做的事情。

这是在督促孩子，还是在虐待孩子？

在对4~7岁孩子进行启蒙教育的过程中，我们必须好好保护儿童的"人权"。在探讨学习的时候突然谈及人权，可能会让人觉得有些莫名其妙。但是我在现实生活中目睹过太多令人难过的场景。父母打着督促孩子学习的旗号，无视孩子的人权，甚至虐待孩子，这样的情况之多远远超出了我们的想象。

请仔细阅读下列情形，如果你认为这属于虐待儿童，请在括号中画"√"；如果你认为这不属于虐待儿童，请在括号中画"✕"。

- 看到孩子没有写完作业，一边督促他写作业，一边大声怒斥。（　　）
- 对孩子说："你的朋友们已经都能识字了，怎么我昨天刚

教过你，今天你又忘了呢？"（　　）

- 愤怒地对孩子大喊："你要是不写作业的话，就从这个家里滚出去！"（　　）
- 因为孩子学习不好，父母互相埋怨，大声争吵。（　　）

　　以上情形均属于虐待儿童。我们一直比较关注"校园霸凌""教师暴力执教"等问题，但实际上由父母引发的人权侵害问题更加严重。尽管现在的父母已经很少对孩子进行体罚了，但是对孩子的精神虐待却有增无减。将孩子与兄弟姐妹或者朋友进行比较和差别对待的行为，高喊"滚出去"或者威胁将其撵出家门的行为，强迫孩子去做超出他能力范围之事的行为，这些都属于精神虐待。在大多数情况下，父母很难意识到自己要求孩子学习的行为属于虐待行为。将字帖扔到孩子面前强迫其抄写，在孩子数数出错的时候大声训斥，满脸怒气地盯着顽皮厌学的孩子，等等，这些都属于虐待儿童的行为。这类可怕的教育方式会让孩子的记忆出现扭曲，从而引发更加严重的心理后遗症。

　　随着时间的流逝，孩子在被迫学习的过程中积攒的怨恨与愤怒会慢慢发酵，等到青春期的时候爆发出来，就会变得一发不可收拾。因此引导孩子主动学习、愉快学习是非常重要的。如果做不到这一点，父母心心念念要将孩子培养成品学兼优的好学生的美好愿望很有可能会彻底化为泡影。

　　另外，休息时间和玩耍时间不足也属于侵犯人权的行为，这一点我们必须牢记。如果父母想要知道孩子的内心是否得到了良好的保护，就需要认真观察他的日常生活。

请仔细阅读下列问题并作答。

- 你觉得孩子今天玩得尽兴吗？
- 你是否每天都拥抱孩子，并向他表达爱意呢？
- 当孩子犯错或者出现失误的时候，你会面带微笑地安慰他吗？
- 你给孩子读书时，鼓励他展开想象的翅膀了吗？
- 你认真聆听孩子的话并点头给予回应了吗？
- 看着大自然中那些微小而精致的事物，你觉得它们是美好且令人感动的吗？
- 即便孩子失误连连，你也会守在他身边鼓励他独立完成自己的事吗？
- 在孩子眼中，你是生活幸福的成年人吗？

孩子不是只在随心所欲的时候才觉得自己幸福。当你认真倾听他说的话，当他凭借自己的力量成功地完成一件事，他同样会感到幸福。而且，他从爸爸妈妈认真生活的样子里也能品尝到幸福的味道。想要在保护好孩子权利的同时让其快乐学习，父母们一定要谨记下列事项。

- 孩子只有好好吃饭，身体健康，才能更好地投入学习。
- 要想孩子好好学习，必须让其尽情玩耍。

- 多让孩子亲近大自然，这样有助于提高他的理解能力。
- 多给孩子读一些有趣的书籍，这样有助于增加他的背景知识。
- 即便孩子学得慢也要耐心等待。欲速则不达，越催促，孩子越难理解学习的内容。
- 孩子只有凭借自己的力量完成一件事才能获得真正的成就感。父母应该引导孩子独立，只有这样他才会感到欣慰和满足。

> 4~7岁,情绪和认知
> 要均衡发展

·影响终身学习的非认知能力

4~7岁儿童的教育内容大体可以分为两种:一种是数学、英语、语文等教学科目的学习,也就是我们常说的认知教育;一种是心理和情绪层面的发展,即非认知教育。在这两种教育中,到底哪种教育对孩子的学业成就影响更大呢?

在大多数人看来,显然认知教育对孩子的学业影响更大,但是事实并非如此,研究表明,非认知教育对孩子的学业成就有着更为深刻且积极的影响。这一研究结果与大部分人的广泛共识背道而驰。如果你也觉得这不可思议,那就通过下面的高瞻佩里学前项目(The HighScope Perry Preschool Project)了解一下,对孩子的学习和发展真正有所帮助的到底是什么。

1967年,美国心理学家大卫·韦卡特(David P. Weikart)和他的同事们为了评估3种幼儿教育模式的效果,将68名三四岁的孩子随机分成 3 组，分别采用不同的教育模式。各组的教育内容如下：

- **A 组：** 直观的认知教育模式，直接教授英语、数学、语文等相关内容。

- **B 组：** 传统的幼儿教育模式，将教学重点放在对参观动物园和博物馆等多种主题活动的讨论和社会性技术的开发上。

- **C 组：** 基于儿童发展规律，让儿童积极主动参与到学习中的高瞻课程（HighScope Curriculum）教育模式。孩子每天可以从音乐和运动、语言和阅读理解、逻辑和数学中自由选择自己感兴趣的内容并自行安排课表。在这里，老师的作用就是辅助孩子获得更好的学习体验。

每组的课程安排均为一周 5 天，每天学习 2 小时 30 分钟，每周还有 1 小时 30 分钟的家访。每组有 4 名老师，负责 20~25 名儿童。这个项目进行了一段时间之后，从结果评价的角度来说并不成功。因为从该项目开始实施起，直到孩子们长到 10 岁，这 3 组孩子在智力发展层面并未表现出任何有意义的差异。

就这样二十几年过去了，直到 2000 年，诺贝尔经济学奖获得者、美国经济学家詹姆斯·赫克曼（James J. Heckman）对该项研究的结果重新进行了分析。他在获得诺贝尔奖之后，开始关注儿童成长问题，并提出了以下几个问题：

拥有怎样的本领和性格才能获得成功？
如何在小时候培养出这样的本领和性格？
父母如何进行干预，孩子才能更好地成长？

一次偶然的机会，赫克曼得知前文提到的"佩里学前项目"的相关资料在这数十年间一直都没有被系统分析过，还原封不动地保存着。于是他重新评估了该项目的长期效果，结果发现了一个重要的事实。那就是在这数十年的时间里，这3种教育模式中的一种一直在发挥着积极的作用。让我们来认真看一下赫克曼重新研究后得出的结论吧。

佩里学前项目所有组别中的儿童在小学三年级时IQ都有所提升，其中采用直观认知教育模式的A组儿童的IQ比采用传统幼儿教育模式的B组儿童的IQ高出10左右，但与采用高瞻课程教育模式的C组儿童相比，并不存在明显的差异。然而从15岁开始，3组孩子之间开始出现团体性差异。研究结果表明，直接接受学科教育的A组儿童发生作弊行为的次数是接受情感教育的B组儿童和接受主导性教育的C组儿童的2.5倍。

随着时间的推移，这种倾向越来越明显，等到孩子们长到23岁的时候，A组孩子因为犯罪，特别是经济类犯罪被批捕的比率远高出B、C两组3倍之多。更糟糕的是，A组中47%的孩子在校园生活中都存在着情绪紊乱和自我调节障碍等问题，需要接受心理治疗，而在其他两组中只有6%的孩子存在类似的问题。也就是说，在孩子4~7岁的时候进行直接的认知教育，对儿童智力发展的提升作用仅仅能发挥至10岁左右，从青少年时期开始反而会引发明显的负面问题。另外，研究还发现，人们在社会上取得的成就主要得益于其好奇心、自我调节能力、社会性能力等非认知要素。赫克曼通过研究确认，培养非认知能力的教育比培养认知能力的教育对孩子的未来影响更大。

赫克曼发现，认知教育对孩子的影响是短期的，相比之下，孩子说谎、迟到或缺席的频率，与朋友或老师之间的关系等社会性能力对孩子发挥着更大的作用和影响力。因此，非认知能力对学业成就的取得有着非常重要的促进作用。

然而遗憾的是，这个项目自20世纪60年代起中断了近40年。重新研究的结果让我们不得不重新审视如今儿童教育偏重于认知教育的现实。认知教育的效果会在短期内消失，而非认知能力的发展程度却对孩子的未来具有深远的影响，面对这样的研究结果，我们应该有所反思。不能因为孩子说糖果和巧克力甜，就不顾其对身体的危害，一个劲儿地给孩子吃，这不是真正的爱。在学习领域，孩子需要真正的爱。古语有云："父母之爱子，则为之计深远。"如果你希望孩子未来能够生活幸福，实现自我价值，那就必须慎重考虑当下的每一个决定。最近我听说某所英语幼儿园把一个在上课时玩耍的5岁孩子开除了，这样的现实着实令人担忧。

> "我们幼儿园不负责教导和纠正这样的问题行为，你们还是先去其他地方学会认真听讲再来吧。"

当然，如果孩子继续在这里学习，英语水平可能会高一些。

但是如果幼儿园缺乏对孩子的情感关照，只专注于教授学习内容，那么就很难保证这种教育方式日后不会对孩子产生负面影响。作为父母，我们首先应该清楚自己做的事情在10年或20年以后会对孩子造成怎样的影响，然后再考虑当下应该如何教导孩子学习。

可现实却是许多父母仍然觉得以语文、英语、数学为代表的认知教育才是学习。一提到孩子的启蒙教育，他们首先考虑的就是"应该什么时候开始教孩子识字？""学习数学用什么教具或者教辅资料效果最好？"这些都是父母只重视认知教育的表现。佩里学前项目的研究告诉我们一个一直被忽视的事实，那就是孩子在4~7岁的时候只接受直接的认知教育，会对其人生造成严重的负面影响。我们既不要被铺天盖地的教育广告所迷惑，也不要被屈居人后产生的焦虑心理所驱使，而要铭记这一重要事实。

从"你想做什么？"到"你想做的事情做完了吗？"

现在就让我们从兼顾认知和情绪发展的高瞻课程教育模式中来获取一些启示吧。这种教育模式的核心是对3~4岁的孩子进行"儿童主导型"教育，即将孩子视作具有自发性的学习主体。具体内容如下。

每天，老师都会询问孩子："你想做什么？"然后根据孩子的回答辅助他们执行计划。过一段时间之后，老师会询问学生：

"你想做的事情做完了吗？"老师不会要求孩子做什么事情，也不会直接主导教学。

孩子说出自己想做的事情就是制订"学习目标"的过程，回答是否完成就是"自我评价"的过程。由于目标本就是自己想做的事，因此孩子具有较强的内在动力将计划付诸行动，从而完成既定目标，这个过程就是一次成功的经历。如此日复一日，孩子的自律性和主导性自然会日益增强。这一过程适用于3岁以上的所有儿童。孩子在4~7岁这个阶段通过这样的成功经历，会逐渐成长为自律且具有自主性的学习者。现在让我们重新思考一下，应该以怎样的观点来看待自己年幼的孩子。

孩子是具有主观能动性的学习者

- 孩子是具有主观能动性的学习者，他可以独自制订和执行计划，并评价结果。
- 孩子能够对自己的学习负责。
- 老师应该鼓励孩子自主选择，独立解决问题并主动参与活动。
- 为了扩大孩子的词汇量，老师在与孩子讨论问题的时候可以使用一些复杂词语。
- 在不妨碍孩子的前提下，老师可以适当地提问，以帮助其拓展学习计划，思考学习内容。

很多儿童教育研究者都认识到培养孩子非认知能力的重要性，也给出了各种能够有效培养非认知能力的教育方法，但这绝不意味着孩子完全不需要认知教育。因此，4~7岁孩子的父母在重视培养孩子非认知能力的同时，也应该掌握一些行之有效的认知教育方法。接下来，让我们通过另外一种教学课程来了解如何有效观察孩子的学习情况。

唤醒学习潜能的心智工具 (Tools of the Mind)

苏联心理学家列夫·维果茨基（Lev Vygotsky）提出了"心智工具"这个概念。他认为就像人类发明了锤子、锯子、杠杆等工具来拓展身体能力一样，为了拓展精神力量，我们也创造出了心智工具，这些心智工具使我们能更好地集中注意力，更好地记忆和思考事情。但是根据他的理论，心智工具并不是与生俱来的，这就产生了如何在培养和教育孩子的过程中开发其心智工具的课题。作为父母，我们有好好开发和培养孩子的心智工具吗？

孩子虽然有潜力，但是他却不能自主开发心智工具。孩子只有接收到外部刺激，才能集中注意力去记忆和思考。换句话说，就是得有外部动机存在，孩子才能集中注意力，并持续保持行动。因此，很多儿童启蒙教育用具都被设计得精巧新颖，为的就是激发孩子的兴趣。但是这种通过外部刺激吸引孩子学习与孩子自发学习根本就是两回事。即便孩子是因为外部动机才开始学习，也必须将其转化为内在动机，学习才能一直持续下去。因此，我们要帮助孩子开发有助于集中注意力、记忆和解决问题的心智工具,唤醒孩子内在的学习潜力。

维果茨基认为,帮助孩子开发心智工具是父母和老师的职责所在。因此在漫长的岁月里,无数心理学家和教育学家在维果茨基的理论基础上研究和寻找有效的教育方法。其中,美国心理学家和教育学家埃琳娜·波卓娃(Elena Bodrova)与德博拉·梁(Deborah Leong)设计出了一套非常有效的心智工具培养课程。

在这套心智工具培养课程中,没有任何一种学习是强制性的,孩子们自主制订学习计划,并按照预想来执行计划。老师不仅负责教学,还要帮助孩子完善学习计划,并协助其达成目标。孩子们一边愉快地享受着自己喜欢的活动,一边自然而然地完成学习任务。这种方式真的可行吗?如果可行,那么学习效果好吗?实际上对许多父母而言,这样的事情只停留在理论层面,他们觉得实现的可能性微乎其微。

那么让我们来了解一下心智工具课程的实际效果吧!1997年,研究人员在美国丹佛市随机抽选了10名幼儿园教师,让他们从心智工具培养课程和正规教育课程中任选其一进行教学。第二年春天,在国家标准考试中,接受正规教育课程的孩子中只有50%获得了"优秀"等级,而接受心智工具培养课程的孩子则有97%获得了"优秀"等级。但更让老师们惊讶的是孩子们的行为水平,那些在普通幼儿园里随处可见的儿童问题行为在心智工具课程培训班中并没有出现。

实际上,心智工具培养课程的效果已经被反复验证过。2014年,美国纽约大学应用心理学教授西布莉·瑞夫(Cybele

Raver）及其同事以759名儿童为调查对象，研究了心智工具培养课程对儿童的学业成就、精神认知及神经内分泌功能所产生的影响。该项研究表明，心智工具培养课程不仅能够提升儿童的执行能力、推理能力、注意力和情绪调节能力，还会对皮质醇及肾上腺素的分泌产生积极的影响。除此之外，接受心智工具培养课程的儿童，其阅读能力、词语使用能力以及数学等学业水平也领先于其他儿童。早在2001年，心智工具培养课程就被联合国教科文组织评选为最具革新性的教育课程之一，可见其价值非比寻常。

想要灵活运用心智工具培养课程，我们必须要重新看待孩子的问题行为，即不要将孩子看作问题儿童，而是要将孩子看作尚未拥有心智工具的儿童。如果孩子注意力不集中，那么父母和老师的任务就是帮助孩子开发能够集中注意力的心智工具。帮助孩子开发心智工具并不需要做特殊的准备，只需做一些游戏即可。比如角色扮演游戏有助于培养孩子的责任感和延迟满足的能力，从而为自我调节能力的培养打下基础。下面就是心智工具培养课程的使用方法。

今天的游戏是"消防演练"。这不是一个简单的角色扮演游戏，而是需要多个角色相互配合的社交游戏。在这个游戏中，有一座着火的房子，房子里面住着人，有人拨打火警求救电话，救援人员接听119急救电话，另外还有消防车司机和消防员。先让孩子自行分配好各自的角色，然后按照下列要求进行游戏。

① 孩子们制订自己的游戏计划。孩子们要说出"我将扮

演……"，然后写出自己在游戏中要扮演的角色以及要做的事情。如果不会写字，可以在纸上用图画描述自己的角色，也可以用拼音标注。

② 按照游戏计划进行角色扮演游戏，时长为 30~40 分钟。

③ 当孩子注意力涣散或者做与游戏不相关的事情时，老师就要及时提醒，帮助孩子重新回归游戏。老师的职责就是推动游戏顺利进行，而不直接参与游戏或者教育孩子。

孩子们不能毫无准备地随便玩，而要先制订好游戏计划再开始玩。在玩游戏的过程中，老师要随时提醒孩子们各自所担任角色的任务，从而提升他们的执行能力。这种游戏方法虽然看起来很简单，但效果却非常显著。在游戏过程中，孩子会意识到自己是行为的主体，其自我调节能力、语言表达能力和协调执行能力都能够得到大幅提升，而这些都是学习所需的重要能力。

高瞻课程和心智工具培养课程的主要共同特征就是父母和老师的作用。他们的作用就是帮助孩子制订活动计划，并协助其顺利完成计划。我们必须牢记，孩子们虽然年幼，但是通过这样的活动，他们能够锻炼自我调节能力，逐步迈入快乐学习的征程。如果我们深入研究，就会发现大部分效果不错的儿童教育课程，都不是将重点聚焦于提升孩子的数学、语文等认知能力，而是聚焦于培养孩子的心理素质和精神属性。通过这些课程，孩子会逐渐学会将注意力集中在课程主题上，并对课题中出现的外界刺激因素进行分析，对自己内心产生的冲动情绪进行调节，然后重新整理思绪投入到研究课题中。

我之所以如此强调非认知能力，是因为我对如今偏重于认知教育的现实感到担忧，而不是觉得认知教育不重要。对4~7岁孩子的父母而言，当下最重要的课题就是保障孩子的认知和情绪均衡发展。接下来，我将向大家介绍有助于培养孩子的认知能力和非认知能力均衡发展的3把"魔法钥匙"。只要能够正确使用这3把帮助4~7岁儿童成长的魔法钥匙，你就会见证孩子健康快乐的成长过程。

帮助4~7岁孩子成长的3把魔法钥匙

力灿的妈妈不想强迫孩子学习，她总是让力灿尽情玩耍，亲近大自然，努力将其培养成一个活泼开朗、朝气蓬勃的孩子。即使自己与周围人的做法大相径庭，力灿妈妈也从来没有动摇过。转眼之间力灿6岁了，到了认字和识数的年龄，妈妈便开始教他学习。由于力灿能说会道，而且凡事一点就通，妈妈觉得他的学习表现也会非常出色。但她做梦都没有想到，孩子竟然会抗拒学习。跟读数字和文字的时候，力灿还能勉强配合，可等到学写文字和数字的时候，他就浑身不自在，看上去烦躁不安。每次练习写字的时候，他都是一脸愁容，握着铅笔使劲划本子，纸都快被他划破了。他握铅笔的方式也不对，而且总是习惯反着写字，所以妈妈只能手把手教他握笔和书写的正确姿势。到底是什么问题导致孩子如此烦躁和厌恶学习，力灿妈妈百思不得其解。

6岁的小爱是一个漂亮乖巧的小女孩,小爱妈妈觉得有一个这样的女儿十分幸福。小爱能说会道,很懂礼貌,周围的大人都对她赞不绝口,妈妈每次带女儿出门都感到很自豪。可是有一天,妈妈在女儿的书包里发现了幼儿园小朋友写给她的信,看完之后,妈妈感到非常震惊。

> 小爱,你好。让我们一起愉快地玩耍吧。
> 小爱,我们一起再去一次儿童乐园吧。

虽然妈妈知道小爱的朋友已经识字了,但是看到他的字写得如此准确和端正,赞叹之余又多了几分忧虑。"因为我们家的孩子生月小,所以才不会写字。"尽管小爱妈妈这样自我安慰,但是她知道这不是真正的原因。受到震撼的妈妈忧心忡忡,赶紧上网搜索相关信息。经过搜索她才发现,能够读书识字的6岁孩子实在太多了。

> "我们家孩子6岁了,他会用手机给我发信息。"
> "我一直坚持读书给孩子听,孩子刚满6岁就识字了。有一天他突然自己读起书来,吓了我一跳。我觉得只要多给孩子读书,顺其自然就行了。"

力灿妈妈和小爱妈妈的育儿态度无可非议,看到同龄孩子优秀的认知能力,她们对自己的孩子感到担忧,也可以理解。

不过在这个节点上，我想告诫她们一点：不管你多么心急如焚，也要先理清什么是最重要的，然后再有的放矢地实施。对 4~7 岁的孩子而言，你强迫他学习，他可以学得很好；你通过合理的方式引导他学习，他也能取得成功。总而言之，孩子当下的学习水平如何并没有那么重要，我们需要先搞清楚对孩子的学习产生长远影响的核心要素是什么，再开始引导孩子学习。

4~7 岁是儿童成长的关键期。在这个时期，父母应该教孩子学习什么呢？想让孩子的学习力出众，需要重点培养哪些精神特质呢？现在就让我们了解一下孩子的情绪和认知发展规律，找出最终为学习力奠定基础的心灵力量。

在此之前，让我们先看看学者们的观点。

- 为了更好地理解新课题，背景知识不可或缺。
- 通过经历和学习积累的隐性知识极大地影响着学习能力。
- 注意力与自我调节能力息息相关。
- 专注力是决定学业成就的主要因素。
- 学业成就不仅仅取决于智力发展水平，也取决于内在动机和情绪状态。
- 为了有效提升学习效率和质量，自我调节能力必不可少。
- 自我调节能力可以减少外界刺激因素对注意力的干扰。

这里明确表述了对刚开始学习的 4~7 岁孩子来说最重要的 3 个要素。第一个要素是知识，要想提升学习力，基础知识的积累必不可少。只有以丰富的知识为基础，孩子才能对问题进行深度思考，形成创造性思维。为此，孩子需要多参加社会活动，多经历和体验一些事情，还需要多读书。当然，如果孩子还不识字，父母可以读书给他听。另外，还有一点需要我们了解，那就是背景知识和隐性知识的概念。背景知识是通过阅读和学习获取的有助于理解新知识的基础知识，而隐性知识是通过各种经历和体验获取的难以言说的知识。虽然两者都属于知识的范畴，但是我们要弄清楚它们的区别和作用，正确传授给孩子。

第二个要素是注意力。这里所说的注意力不仅包括对特殊的听觉和视觉刺激产生反应的集中性注意力，还包括把注意力从一个目标转移到另一个目标的交替性注意力，在一定时间内保持精神高度集中的持续性注意力，以及能够屏蔽周围干扰认真听课的选择性注意力。这些注意力对学习来说都非常重要。随着年级的提升，孩子在学习过程中最频发的问题就是注意力问题。注意力不集中导致精神涣散，精神涣散又导致学习落后。如果孩子的注意力不是天生就存在问题，那就可以在他4~7岁的时候通过游戏来培养。

第三个要素是自我调节能力。自我调节能力是指个体改变自己的心理状态以适应环境要求的能力，它是一种包含非认知能力、自尊、自我效能感、社会性、毅力、耐力以及自愈能力等所有因素的元能力。虽然这一能力有"自我控制力""情感调节能力"等诸多称呼，但本书将情感、思维、行为调节全部统称为自我调节能力。这是一种在承受压力的瞬间，调节自己的情绪并做出明智选择的力量。在自尊心跌入谷底的日子里，相信自己会再次振作起来；在被绝望吞噬的瞬间，鼓励自己像不倒翁一样重新站起来……这些自我调节说到底都是一种心态调节。在人际关系中，面对各种错综复杂的情况，良好的心态尤为重要。可以说，支撑孩子情绪和认知均衡发展的核心精神力量就是自我调节能力。

综上所述，知识、注意力和自我调节能力就是左右孩子发展的核心因素，是培养孩子学习力和学习自信心的 3 把魔法钥匙。前文中介绍的高瞻课程与心智工具培养课程之所以能够取得成功，就是因为这些课程注重培养孩子的这 3 个方面。最近很多父母将卡尔·威特（Karl Witte）教育法奉为圭臬，我们仔细研究就可发现，这种教育法同样注重培养孩子的这 3 个方面。卡尔·威特教育法提倡孩子的认知能力和非认知能力协调发展，通过明确的语言和经历帮助孩子获取各种知识，训练孩子将注意力集中在一个课题上的能力，同时还注重锻炼孩子的自我调节能力。

现在我们的孩子即将开启学习之旅。让我们牢牢抓住知识、注意力和自我调节能力这 3 把钥匙，帮助孩子实现情绪和认知的均衡发展吧！

Part 2

帮助孩子成长的第一把魔法钥匙：知识

9岁可以看到4~7岁的影子

孩子到了3岁,就开始把"这是什么?"挂在嘴边,不停地问长问短。在这一时期,孩子对自己周围的一切都感到好奇,因此他们会不断提出问题。这个时候父母的反应大致可以分成两类:一类是虽然觉得麻烦,但还是会认真回答;另一类是只回答一两次就被孩子的重复问题搞得心烦意乱,于是开始敷衍了事或者干脆转移孩子的注意力。

一两年之后,两种类型的父母教育出来的孩子,其知识量会存在怎样的差异呢?让我们从孩子们随口说出的话中了解一下他们的基本知识储备吧。下面两个孩子都是5岁,而且都出生在5月,我们从两个孩子玩敲冰块桌游的对话中就能推测出他们的知识量。

<5 岁孩子 A>

老师 你知道游戏的玩法吗?
孩子 先把玩具冰块塞进去,就像这样。
老师 好像很耗费时间,需要我帮你吗?
孩子 不需要。就这样把白色和蓝色的冰块排成排。请稍等,我想自己动手。

　　组装完成后,正式开始游戏。在玩游戏的过程中,孩子非常遵守游戏规则,和老师的交流也很多。一局游戏结束后,他说还想再来一局,这次他在组装冰块的过程中充分地发挥了想象力。

孩子(把两个冰块举到头顶两侧)这是米老鼠,(举到鼻子上)这是雪宝,(举至头中间)这是圣诞老人,(举到眼睛上方)这是老花镜,(举到一侧眼睛上)这是激光眼!

　　孩子在玩完敲冰块游戏之后,又开始观察其他玩具,而且不断提问。

孩子 这个怎么玩?我也能玩吗?
孩子 现在我们开始敲冰吧,石头剪子布……

　　孩子非常遵守游戏规则,陪孩子玩耍的人也觉得很开心。

<5岁孩子B>

老师 你知道游戏的玩法吗?
孩子 知道。(一直在旁边看着)老师你为什么不动手?
老师 你对我说"老师也一起玩吧",我就陪你一起做。
孩子 老师也一起玩吧。

组装完成后,正式开始游戏。参与者应该按顺序轮流玩,但是孩子却不遵守游戏规则,随心所欲地反复敲冰块。最后冰块都坍塌下来,游戏不了了之。

孩子 一点儿意思都没有,我不玩了。
老师 那我们收拾一下,换别的游戏吧。
孩子 我不收拾,老师自己收拾吧。

后来老师邀请孩子一起整理玩具,他不情不愿地过来帮忙,装模作样地收拾了两下。老师收拾完后,让他挑选其他游戏,他回答说:"不知道选什么,好像都挺难的。"然后他突然看到了老师放在桌子上的智能手机,他一边摸着手机一边问:"里边有游戏吗?"

通过两个孩子玩游戏时的行为,我们就可以大概推测出他们的知识量。同时,我们也能够大致了解他们对待游戏的心理态度。孩子A所表现出来的态度是非常难能可贵的。他遵守游戏规则，虽然组装冰块的过程很枯燥，但他却乐在其中，一边玩一边合理展开想象，游戏进行得也十分顺畅。他能熟练使用米老鼠、雪宝、圣诞老人、老花镜、激光眼等词语，从中我们可以推断出这个孩子的知识储备非常丰富。

与此相反，孩子 B 不仅缺乏为游戏做准备的能力，也缺乏遵守游戏规则的自我调节能力。他还没有养成自己玩过的玩具自己整理的习惯，行为缺乏责任感。在和老师的对话中，他没有使用任何复杂的词语，反而暴露出过早接触智能手机的事实。另外，他没有询问老师，就直接将老师的手机拿了起来。

当然，5 岁的孩子尚且年幼，将这种差距赋予巨大的意义需要慎之又慎。但是我很好奇，这样的两个孩子到了 9 岁会是什么模样呢？现在就让我们从两个 9 岁孩子的对话中反推一下他们 5 岁的样子吧。当两个孩子正在喝以爱因斯坦命名的牛奶时，老师问他们"你知道爱因斯坦吗？"，对话由此展开。

<9 岁孩子 A>

老师 你知道爱因斯坦吗？

孩子 我当然知道了。我也想成为爱因斯坦那样的人，是他提出了相对论。他的表情像科学怪人，我很喜欢他，但像牛顿那样发现万有引力好像也挺有趣的。对了，据说牛顿是造币厂厂长，负责制造钱币，而且他是英国最优秀的假币犯罪调查官。他真的太了不起了，是吧？

> **<9 岁孩子 B>**
>
> **老师** 你知道爱因斯坦吗？
> **孩子** 不就是牛奶吗？
> **老师** 不，他是一位著名的科学家。看来他的名字被注册为牛奶商标了。
> **孩子** 我不知道，我以为这只是牛奶的名字而已。我还能再喝一瓶巧克力牛奶吗？

从孩子 A 所说的话中，我们可以看出很多东西。他不仅知识储备丰富，还有自己的兴趣爱好和想法，更重要的是，他对学习和掌握新知识充满了渴望。可以说，他的情绪和认知都得到了良好的发展。相反，孩子 B 的表现却令人惋惜。虽然他的情绪问题并不明显，但由于知识匮乏，即便出现了学习新知识的机会，他也很难主动把握，而是只注重感官上的满足。由此我们发现，比起 5 岁的时候，孩子在 9 岁时出现了更大的差距。

如果教这两个孩子学习，又会出现怎样的结果呢？对孩子 A 来说，学习应该不会是一件困难的事情，因为他有丰富且扎实的知识储备，新知识也会给他带来认知乐趣。只要培养一下专注力，他就可以成为一个自主学习的孩子。但是孩子 B 则需要更多帮助，家长和老师不仅要帮助他补充知识储备，还需要花费更多精力来帮助他消化和吸收新知识。如果不这样做，日后即便孩子产生了学习的欲望，也会觉得学习太难，内心受挫的可能性很高。

孩子必须具备一定的基础知识，才能温故而知新，享受学习的乐趣。因此，父母需要从求知欲旺盛的4岁开始帮助孩子积累各种知识。现在就让我们了解一下孩子需要哪些知识，以及这些知识应该如何积累吧。

：背景知识和隐性知识

美国未来学家阿尔文·托夫勒（Alvin Toffler）说过一句特别有名的话："如果学生每天花费15个小时学习未来并不需要的知识，那简直就是浪费时间。"正如他所言，孩子在应试教育体系中学到的很多知识并没有太大的意义，这是诸多儿童心理学家和学习理论家一致的观点。那么孩子在4~7岁时到底需不需要知识教育呢？

当然需要。孩子在4~7岁时学到的知识所发挥的作用可能远超我们的想象，因为他所掌握的每一个知识点都会成为其接受下一个知识点的桥梁。孩子的知识积累过程是将新知识与现有的知识结合起来，加以同化后再存储到头脑中。如果孩子想要掌握闻所未闻的全新知识，必须经历反复听十几遍甚至几百遍的过程，最终才能形成记忆。与此相反，如果是与已知知识相关的信息，孩子就可以轻松将它们联系并整合到一起，这样接纳新知识就会轻松很多。所以对父母来说，一定要了解什么样的学习有利于孩子的智力发育，什么类型的知识对孩子今后的人生有所帮助。知识对孩子而言是不可或缺的,父母应该搞清楚哪种知识是最重要的,然后再有的放矢地指导孩子学习。那么对4~7岁的孩子来说,不可或缺的知识是什么呢?

英国化学家和哲学家迈克尔·波兰尼(Michael Polanyi)将知识分为显性知识和隐性知识。显性知识是可以被了解且能够用语言描述出来的知识。我们只是对这个专业术语感到陌生而已,其含义与我们语文课本上所说的背景知识相差无几。所谓背景知识是指与某个对象相关的知识或经验,或者是为了更好地理解文章所应该具备的知识或经验。举个例子,读者阅读某部作品的时候,所拥有的相关背景知识越丰富,越能够更好地理解作品。换句话说,背景知识就是基础知识,是可以具体转化为语言的知识。因此,波兰尼所说的显性知识是与各种各样的事物和状况相关的、可以用语言表述的知识,称其为背景知识也无妨。由于显性知识不是我们耳熟能详的用语,所以本书采用了背景知识这一说法。

瑞士心理学家让·皮亚杰(Jean Piaget)认为,儿童认知结构的建构是通过同化和顺应两种方式进行的。让我们来看看孩子是如何掌握新知识的。

4岁的孩子看到鸟儿在天空中飞翔,然后问爸爸:

"爸爸,那是什么?"
"那是鸟,小鸟。"

孩子心中形成的图式是"天上飞的东西就是鸟",这时不管是亲眼见到小鸟或是看到鸟儿的照片，他都会说这是"鸟"。然后孩子看到了飞机，他高兴地欢呼道：

"爸爸，快看！好大一只鸟！"
"这不是鸟，是飞机。人们也希望像小鸟一样自由地飞翔，所以发明了飞机。"

孩子刚刚知晓的这个信息和已知知识发生了冲突，暂时陷入混乱的状态。为了重新回归平衡状态，孩子需要改变现有的图式。一言以蔽之，就是调整现有的图式，发展出新的图式。

"啊，原来并不是所有会飞的东西都是鸟。这是飞机呀。"

这个过程就是顺应，顺应会使孩子的认知结构发生质的变化。以后孩子会学习到更多知识，比如说鸟儿有麻雀、猫头鹰、老鹰等许多种类，飞机也分成轻型飞机、水上飞机、喷气式飞机等多种类型。皮亚杰把这个过程称为同化。所谓同化就是使用自己已知的图式来消化和理解新知识的过程。因此对成长中的孩子来说，为了学习新知识和培养创造性思维，基础的背景知识是十分重要的。但是，孩子们的背景知识不能仅仅通过语言或者文字来获得，如果有隐性的经验作为前提，那么孩子的认知效率和知识储备就会取得惊人的提升。

隐性知识是经过长期的经验积累所领会到的知识，很难用语言表述清楚。虽然技巧纯熟，但很难用语言说明的东西，比如骑自行车的方法、滚铁环的技巧和料理达人的厨艺等都属于隐性知识，因此这些东西也被称为经验、洞察力、直觉等。

元俊的爸爸在元俊4岁的时候一直很苦恼，因为他不知道应该怎么陪孩子玩。苦思冥想之后，他决定陪孩子玩桌游。从叠叠乐、多米诺骨牌、青蛙跳等需要肢体活动的游戏，到掷骰子类的运气游戏，再到需要动脑、讲究策略的跳棋游戏和培养数感的卡牌游戏，他们所玩游戏的种类越来越丰富。在4年的时间里，他跟孩子一起玩的桌游就多达50种。虽然他没有单独教孩子识字和算术，但孩子上小学后不仅学习出色，接触新知识时也理解得很快。现在他主要跟孩子一起玩策略类游戏，偶尔孩子还会产生一些新奇的想法，令他惊喜不已。他对孩子的成长感到无比自豪。

在过去的岁月里，元俊所积累的知识正是隐性知识，也可以理解成是用身体掌握的知识，这种知识非常重要。因为身体的各种感官会随时对周围环境的刺激做出反应，并凭借直觉去理解和接受。在这个过程中，隐性知识不仅会对感情和行为产生影响，甚至还会对信念和价值观产生影响，从而帮助孩子奠定心理和精神基础。或许可以说，无法准确用语言描述的、藏在我们内心深处的隐性知识决定了我们认识世界的方式。

所以对4~7岁的孩子来说，背景知识虽然很重要，但是通过各种各样的经历所习得的隐性知识更为重要。如果把这两种知识比喻成冰山，那么背景知识只是浮在水面上的冰山一角，隐性知识才是肉眼不可见的、藏在水下的巨大存在。

STEP 02
隐性知识和背景知识所蕴含的力量

隐性知识：4~7岁，玩游戏也是学习

4~7岁的孩子不仅要学习生活中不可或缺的新知识，而且要根据自己的需求灵活运用已经掌握的背景知识。另外，还需要用眼睛看、用耳朵听、用心感受，动员自己的所有感官将接收的信息转变为自己的隐性知识。

在抚养孩子的过程中，父母可能会因为要做的事情太多而感到焦虑不安，其实大可不必。如果父母真的爱自己的孩子，就会用心看着孩子的眼睛与之对话，陪他一起玩他喜欢的玩具，对他的每一次欢笑和哭泣都积极回应。当孩子取得进步的时候给予鼓励，在孩子睡觉前给他读有趣的故事书，然后在闲暇时花费一点儿心思为孩子提供一些新鲜的刺激，只要做好这些就足够了。但是，对于应该提供什么样的刺激，以及如何提供刺激，父母需要掌握正确的方法。

正如上文所述，迈克尔·波兰尼反复强调隐性知识的重要性。可以这么说，对大部分人而言，他们拥有的隐性知识要远远多于他们可以用语言描述出来的知识。我们可能对隐性知识这个词不熟悉，但是我们却知道它的重要性。那些擅于折纸或剪纸的孩子，擅长骑自行车或玩滑板的孩子，玩游戏时不需要特别讲解就能熟练上手的孩子，面对困难迎难而上的孩子，当你问他们做到这些的秘诀是什么时，他们往往很难用语言表述清楚。他们可能会这样回答你："我看一下就知道了。"这就是隐性知识的影响力。

虽然这些我们都了然于心，但我们在孩子的教育中却很少承认这种影响力的存在。我们还停留在一种错误的观念里，认为只有让孩子考入名牌大学才能保证他拥有成功的人生。因此，为了考上名牌大学，孩子被迫往返于学校和补习班之间。可这样一来，孩子就失去了积累隐性知识的机会。如果你仍然觉得孩子每天多做几道练习题更重要，那就请认真看看下面这个强调隐性知识重要性的实验。

英国卡迪夫大学社会科学学院教授哈里·柯林斯（Harry Collins）通过TEA（Transversely Excited Atmospheric，横向激励大气压）激光实验的公开过程证明了隐性知识的重要性。加拿大国防研究实验室在成功研发出TEA激光器之后，向其他研究机构公开了该激光发射装置的设计图。公开的方式有两种：其中一个机构只拿到了设计图，并试图依靠设计图完成激光器的复制；另外一个机构不仅拿到了设计图，还通过电话交流、参观实验室等方式掌握了技术。这两种公开方式的效果差异是显而易见的，最终那个通过访问学习和电话交流来获取技术的研发机构成功复制出激光器。仅依靠显性知识，不管设计图画得多么精密详细也很难复制成功。一言以蔽之，将通过目击耳闻获得的隐性知识和通过设计图获得的显性知识相结合，才是取得成功的关键。

"你是想玩一个小时，还是想学习一个小时？"

如果你这样询问孩子，孩子当然会选择玩耍。倘若你对孩子的选择不满意，觉得心里不舒服，那就从现在开始去了解一下孩子能从游戏中学到哪些隐性知识吧。特别是4~7岁的孩子非常擅长依靠身体来学习，与学习一个小时相比，他们玩耍一个小时可以获得更多的隐性知识，而这一时期积累的隐性知识最终会对他们日后的学习产生巨大的影响。

2020年初，受新冠疫情的影响，孩子们无法正常去游乐场、幼儿园等场所，也不能随意外出玩耍，只能待在家里。由于运动量骤减，肥胖的孩子日益增多，再加上无法释放过剩的精力，孩子们变得易躁易怒。

但并不是所有孩子都这样，有不少家长为孩子找到了居家愉快玩耍的方法。妍秀（6岁）的妈妈就是其中之一。她发现与孩子一起打发时间的最佳方式就是玩桌游。当然，妍秀偶尔也会因为玩得不顺心而发脾气，但是每天花费一两个小时玩桌游，母女俩都觉得很有趣。刚开始的时候，妍秀觉得计算分数很难，但是渐渐地她也能算得很好，而且开始识字了。随着时间的流逝，妍秀7岁了。妈妈觉得是时候让她正式开始学习了，于是给她买来教材和习题册，出人意料的是，妍秀表现得非常好，很多知识一学就会。因为她喜欢玩，所以父母对她的学习并没有抱太大期望，可是没想到她的学习能力竟然如此优秀，对此父母感到既惊讶又欣慰。

这段时间，在妍秀身上究竟发生了什么呢？通过玩桌游，妍秀不仅可以学到各种各样的规则和策略，还会懂得"胜负乃兵家常事"的道理，从而培养出自我调节能力。在玩桌游的这一年时间里，妍秀虽然没有专门学习，但是在不知不觉中积累起来的隐性知识不仅提升了她的理解能力和思考能力，而且对其学习能力的提升也起到了积极作用。因此对她来说，学习并不是难事。

有些父母虽然读了许多育儿书籍，但是仍然无法掌握育儿方法的精髓。这是因为他们通过阅读获取的只是背景知识，可是由于缺乏通过经历获取的隐性知识，导致他们即便读懂了文字，也很难准确理解其含义。在过去的宗族共同体文化中，人们可以通过照顾弟弟或者侄子的生活起居，在日常生活中获得有关育儿的隐性知识。但是对新生代的父母而言，他们的日常生活中几乎没有照顾孩子的经历和记忆。即便有弟弟妹妹，也只是偶尔见见面而已，他们对从早到晚如何照顾孩子的生活起居一无所知，也从来没有见过如何抚养孩子。这种隐性知识的匮乏，给我们造成了意想不到的负面影响。

背景知识：磨炼学习力的基石

想要理解语言和文字，背景知识是不可或缺的。显而易见，孩子在听或阅读某些内容的时候，与之相关的经历和信息越多，越容易准确地理解这些内容。不仅如此，深厚的背景知识还有助于孩子学习和掌握新知识，培养多样化的思维能力。

我们以第一次见到地球仪拼图的 7 岁孩子们为例。那些拥有地球或地球仪相关背景知识的孩子，以及拥有拼图相关隐性知识的孩子，都对地球仪拼图表现出浓厚的兴趣，很快就开始了拼图游戏。

> "哇，这是地球仪吗？这是立体拼图吗？拼完之后就成了一个真正的地球仪吗？"
>
> "让我们从韩国开始拼吧。旁边是中国，右边是日本……"
>
> "妈妈，越南在中国下面。老挝不临海。"

一个孩子在拼完了韩国之后，又开始拼中国和日本。虽然他对位于中国下方的东南亚国家不甚了解，但是在拼图的过程中知道了泰国、老挝、越南等国家，知识储备进一步拓展。孩子学到了新知识，高兴得手舞足蹈，他的欢呼声仿佛让周围的一切都明亮起来。

与此相反，让我们来看一下对地球仪或拼图一无所知的孩子的表现吧。

"这是什么？"

"地球仪拼图。"

"什么？地球……地球仪是什么？唉，我最不喜欢拼图了。我不想玩。"

孩子光是搞清楚地球仪是什么就已经花费了不少精力。还好他知道地球是什么，否则会花更多精力用来提问。因为他已经把大量时间和精力花在了熟悉陌生事物上，所以很难再有多余的精力来挑战拼图这个难题了。

其实这个地球仪拼图的背面标注有号码，即便没有相关背景知识，也能按照号码的顺序完成拼图。即便把这些都告诉孩子，他还是对拼图没有丝毫兴趣。因为解决难题需要集中注意力，但是孩子已经产生了厌烦的情绪，很难将注意力集中在拼图上。最后，孩子根本没有尝试去拼图，而是直接将注意力转移到他感兴趣的事情上了。

面对新的课题，有些孩子兴趣十足且勇于尝试，有些孩子还未尝试就产生了厌恶或抗拒的情绪。站在天平两端的这两类孩子，他们所获取的知识量也必然会走向两个极端，这是显而易见的。我们希望自己的孩子成为哪种类型呢？

虽然学者们总是将背景知识和阅读联系在一起，但其实背景知识适用于日常生活中听到和读到的所有信息。说到底，学习就是一个听和读的过程，更进一步说，就是对听到和读到的内容加以理解和思考并进行表述和应用的过程。毫无疑问，背景知识绝对是帮助孩子轻松学习的魔法钥匙。这里需要强调一点，当孩子学习新知识时，如果没有相关的背景知识或者背景知识薄弱，那么他对新知识的理解就会大打折扣。另外，背景知识匮乏还会使孩子在面对新课题的时候难以集中注意力，甚至产生抗拒心理。

与此相反，背景知识丰富的孩子能够更深刻地理解他听到和读到的内容，从而更轻松地学习和掌握更多的相关知识。毫不夸张地说，背景知识是孩子拓展知识的基石。曾担任美国心理学会会长的康奈尔大学心理学教授罗伯特·斯滕伯格（Robert J. Sternberg）曾说过这样的话，揭示了其中的精髓。

> "如果知识本身没有适用性，那么我们就无法在实践中应用知识。"

事实上，有关世界万物的背景知识和通过经历与体验获得的隐性知识对于孩子的学习同等重要。有人说数学是靠头脑理解的背景知识，而英语则属于靠身体感官学习的隐性知识；乘坐地铁前往目的地是可以明确用语言表达出来的背景知识，而如何使用筷子和骑自行车等则属于隐性知识的范畴。虽然这两种知识有所区别，但是将两者割裂开来进行传授是不可取的，只有在隐性知识的基础上形成丰富的背景知识，学习的过程才能变得更加顺畅。如果你一直致力于孩子的知识教育，那么现在你就应该认真了解一下背景知识和隐性知识协调发展的重要性。让我们通过下面的实验了解一下这两种知识所蕴含的巨大力量吧。

当背景知识遇到隐性知识

请阅读下面这段文字。

其实步骤很简单。首先对物品进行分类。当然这需要根据物品的数量来决定,如果数量很少,无须分类也可以启动一次。如果设施的空间不够,需要转移到其他地方,那就进行转移。如果不需要转移,那就意味着准备工作已经完成。重要的是不要一次处理太多,少量多次总好过一次处理太多,因为偶尔一次失误可能需要你付出昂贵的代价。这一点乍看似乎无关紧要,但是等到情况变复杂的时候,你就能明白其中的缘由了。这些步骤起初看起来可能有些复杂,不久你就会明白这就是生活的另一面。我不认为在不久的将来我们就不再需要做这件事了,但是未来的事情谁又能说得准呢?在完成这件事情以后,我们还是会照常把物品进行分类,然后把它们归置到合适的地方,这些东西日后还会被重新使用,届时,我们将再次重复上面这些步骤。归根结底,这就是生活的一部分。

粗略估算一下,你对上述文字的理解程度能达到百分之多少呢?或许你会觉得这些文字晦涩难懂,根本就没有坚持读到最后。实验表明,倘若采用两种不同的方式来阅读上述文字,人们对这段文字的理解程度将会产生巨大差异。一种方式是像你刚才那样,在不知道任何相关信息的情况下直接阅读;另一种方式是被告知文章的标题后再阅读。研究人员将参与者随机分为两组,分别让他们采用上述不同的方式进行阅读,等他们完成阅读后,再用百分比来表示他们对这段文字的理解程度。

在不知道标题就进行阅读的小组里,很多人回答说"完全不知所云",大部分人对这段文字的理解程度只有20%~30%。相反,知道标题后再阅读的人对这段文字的理解程度达到了80%~100%。研究人员对数百名青少年和父母进行了反复实验,最终的结果大同小异。

美国心理学家约翰·布兰斯福德(John Bransford)和斯宾塞·约翰逊(Spencer Johnson)领导了这个实验。教育研究者在强调背景知识对于阅读理解的重要性时经常引用该实验。现在我告诉你这段文字的标题是"洗衣机的使用",此时你再阅读一遍就会发现,原本不知所云的内容突然变得很容易理解。这真是一次神奇的体验。虽然这段文字中并没有出现生僻的词语和复杂的句子,但仍然令人感到一阵晕眩,可是当我们知道了标题以后,这段文字突然变得浅显易懂了。这就表明,如果我们不具备相关的背景知识,面对简单的文章也会感到文句艰涩,并且很难记住内容。

现在你应该已经理解了背景知识对学习的重要性。但是严格来说,如果你没有使用洗衣机洗衣服的经历,即缺乏相关的隐性知识,那么就算知道标题,并反复阅读这段内容,理解程度也不会提高多少。由此我们可以确认,孩子的认知教育想要取得良好的成果,既离不开对背景知识的掌握,也离不开隐性知识的积累。4~7岁这个年龄段正是孩子们通过亲身经历积累隐性知识和拓展背景知识的重要时期。现在让我们认真了解一下4~7岁的孩子是如何掌握这两种知识的吧。

将获取隐性知识的经历与学习联系起来

父母能传授给孩子怎样的隐性知识呢？从出生开始，孩子周围的环境就是他获取隐性知识的源泉。爸爸妈妈的话语、行为以及生活态度等都是孩子在潜移默化中学到的隐性知识。孩子通过观察爸爸妈妈的言行学到的东西要远远多于父母通过语言教导的东西。

那些在不知不觉中通过身体感官自然而然学会的事情就是隐性知识。意大利教育学家、精神科医生玛利亚·蒙台梭利（Maria Mon-tessori）强调，在孩子的成长过程中，感官训练是所有精神发展的基础。实际上，感官的发育要早于智力活动的出现，4~7岁正是儿童感官发育的集中时期。我们也可以将其称为肌肉记忆。已经形成的肌肉记忆会存储在大脑中，即使长时间不使用也能维持原有的能力。因此，骑自行车、游泳、打乒乓球等这些已经掌握的技能哪怕好几年不用，当你再次尝试的时候，只要适应一段时间，这些技能就会自动恢复。我相信大家一定都对此深有体会。

不知从何时起，五感教育已成为儿童教育的重要组成部分。当然，其初衷和宗旨是非常值得肯定的。但是隐性知识的获取不能完全依赖人为创造的局限性环境，更需要有现实的经历和体验。在游乐场里玩假沙的孩子一定体会不到风平浪静的沙滩上那些玉屑银末般的真实细沙所带来的触感；在小区公园里奔跑嬉戏的孩子也一定体会不到在户外登山爬树、触摸花鸟鱼虫时所产生的快感，因此，我希望家长们此刻能想一想，您提供给孩子的环境正在培养他什么样的隐性知识。

如今孩子们积累的隐性知识的形态可谓多种多样。让我们来观察一下孩子的神奇能力之一，即记住众多动漫人物的名字。很多成年人都听说过奥特曼，但却并不知道每个奥特曼的名字。迪迦、赛罗、赛文、艾克斯、泽塔、贝利亚、高斯、戴拿、赛迦、梦比优斯……这些奥特曼人物的名字孩子跟我说过很多次，但我还是记不住。相反，有些吐字不清的 4 岁孩子却绝对不会将这些名字记错。因为通过看电视和玩游戏，他们已经拥有了关于这些人物的背景知识和隐性知识，在听到这些名字的同时，他们会自然而然地想起故事情节，所以根本不会搞混，也不会忘记。从中我们可以发现，隐性知识和背景知识的绝妙组合可以发挥出神奇的作用。父母应该试着将孩子的这种经历与学习联系起来。

年仅 3 岁的孩子每天都把"这是什么？那是什么？为什么？"挂在嘴边，他们对新鲜事物充满了好奇，求知欲十分旺盛。通过观察、聆听与触摸，他们像海绵一样不断地吸收着周围的隐性知识，同时他们也通过父母的回答积累着背景知识。如果你想成为孩子吸收知识过程中的积极助力，只要在与孩子玩耍或者散步的时候亲切地回答他提出的问题就可以了。市场、超市以及附近的公园是提供感官刺激的最佳宝库。五彩缤纷的世界让孩子充满好奇,毫无距离感的对话氛围刺激着孩子的表达欲望。亲切地告诉孩子这是什么、那是什么,认真向孩子讲解各种物品的用途,希望大家都能通过这样的方式打造愉快的亲子时光。

STEP 03
扩展知识储备的最佳方式：游戏和读书

背景知识 + 隐性知识 = 综合知识

将理论知识"知道什么"与实际知识"会做什么"割裂开来的教育模式必然会阻碍孩子的全面发展。背景知识与隐性知识保持动态的相互作用，理论与实践相互结合，才是知识拓展的理想状态。我们不能让孩子成为学习优秀，但缺乏工作能力的人；也不能让孩子成为头脑灵活，但知识匮乏的人，两者都会在成长过程中面临巨大的困难。因此，背景知识和隐性知识必须平衡发展，也就是说，我们要帮助孩子获取全面的综合知识。

让我们来看看在现实生活中，孩子是如何学习综合知识的吧。一个喜欢汽车的孩子通过阅读书籍和各种资料掌握了扎实的汽车背景知识，这时他该如何进一步拓展自己的汽车知识呢？他只能去观看车展或者参观汽车工厂，却无法亲自动手制造汽车或者修理和组装汽车。好在还有一个行之有效的方法，那就是做游戏。画各种汽车设计图，玩汽车益智拼图，用积木和橡皮泥制作汽车套件，和朋友一起玩"司机与乘客"角色扮演，甚至可以模拟工程师组装精密的汽车模型……通过这些游戏，孩子可能还会萌生出长大以后亲自制造或者设计汽车的梦想。因此，对4~7岁的孩子而言，拓展综合知识最现实有效的方式就是做游戏。孩子在玩游戏的过程中，还可能会产生一些了不起的创意，因此我们必须摆脱"孩子只能玩简单幼稚的游戏"这一固有观念。

有助于拓展综合知识的游戏应该如何开展呢？17岁的宰贤纯手工制作出了一辆汽车，让我们通过他的故事来了解一下这个过程吧。韩国SBS电视台的一档节目《瞬间捕捉世界有奇事》曾经报道过宰贤的故事。他从小就喜欢汽车，用他妈妈的话来说，他从一出生就喜欢上了汽车。小学的时候，他只要一有空就画汽车，甚至有一次老师在写板书，他却鬼使神差地冲过去在黑板上画起了汽车。随着时间的推移，他画的汽车越来越精密。后来他开始画汽车零件，甚至将汽车发动机和汽车底盘都画了出来。就这样，一直对汽车玩具情有独钟的宰贤想亲手制作一辆汽车。上初中之后，他便开始了自己的计划。

他从废车场和旧货商那里淘来了轮毂、轮胎、摩托车链条、四轮摩托车刹车、自行车把手等二手零件。他将二手摩托车发动机拆开后重新修理，还亲自完成了接线和焊接等工作。这个过程中所需的工具都是他用零花钱购买的，所有步骤都是他自己查阅书籍并亲手完成的。就这样，他仅仅用了一周就制作出一台简易的汽车，还安装上了妈妈亲手制作的椅子。虽说宰贤制作这台能够启动的简易汽车只花费了一周的时间，但如果不是从小到大在玩耍中研究汽车、对汽车的结构有所了解，如果不具备优秀的动手能力，他是绝对不可能做到的。宰贤在成长过程中积累了大量与汽车相关的背景知识，通过不断地观察和体验，他也积累了丰富的隐性知识。最终，宰贤亲手制作的汽车让汽车工匠都叹为观止。宰贤的梦想是在30岁之前成为私人订制汽车公司的CEO。

宰贤的"作品"一鸣惊人，大家都对他的能力赞不绝口，但是现实生活中他的成长之路却充满坎坷。只热衷于研究汽车的宰贤对学习不感兴趣，学习成绩也很差，甚至在上课的时候冲到黑板前画起了汽车。由此可见，他的自我调节能力存在问题。从父母的角度来看，只喜欢汽车，对学习不感兴趣，很难约束自己的行为，这些都是令人头疼的问题。但尽管如此，宰贤的父母还是对他热爱的事情给予了支持。宰贤在制作汽车的过程中逐渐意识到学习的重要性，在他专心学习的6个月里，他的成绩飞速提升。宰贤是这样说的：

> "我因为喜欢汽车，所以才取得了那样的成果。我抱着同样的心态开始学习，结果学习成绩一下子就提高了。"

通过宰贤的故事，我们看到了背景知识和隐性知识相结合的综合知识的巨大威力，也了解了获取综合知识的重要方法，即在4~7岁的时候通过游戏和书籍来学习。如果你期待我会介绍一种伟大或具有划时代意义的方法，那么我恐怕会让你失望，不过读书和游戏的作用绝对不容小觑。游戏既不单纯也不简单，它所具备的强大情感力量和认知力量能够帮助孩子成长，其效果远远超乎我们的想象。"不就是玩玩嘛！"不要用这样的话来定义游戏的价值。在4~7岁的时候，如果孩子能一边玩游戏一边拓展综合知识，那么他的成长过程就会变得悠闲而惬意。我希望我们的孩子都能这样成长。

现在就让我们仔细了解一下游戏的重要性，看看游戏是如何帮助孩子拓展综合知识的。如果父母能够先了解学者们研究归纳的游戏特性，再有的放矢地陪孩子玩游戏，就可以更好地帮助孩子提升其情绪管理水平和认知水平。

游戏的无限影响力

在儿童教育中，游戏是这样被定义的：它不仅是"最佳教具"，而且是"符合儿童心理发展特征的最佳学习手段"。众所周知，游戏对孩子的影响力并不仅仅局限于情绪发展的过程，诸多研究表明，孩子在4~7岁的游戏经历和学习机会也有着很大的关系。但需要注意的是，如果只是表面上的游戏，即以游戏的名义强迫孩子学习的"假游戏"，反而会存在诱发孩子情绪问题的危险。另外，游戏有助于孩子自然而然地学会扮演社会角色。接下来让我们了解一下游戏的各种作用。

游戏的作用

作用	内容
促进成长	• 通过与父母互动,建立稳定的情感依赖,培养社会互动能力。 • 通过丰富的情感表达与主导性尝试,培养自我调节能力与自我效能感。 • 通过参与游戏,感受自身的价值,培养自尊心。
拓展知识	• 通过游戏探索周围的环境,获取知识和经验。 • 在游戏过程中,熟悉数字、分类、序列、空间和时间等概念。 • 在游戏中体验多样化解决问题的方式,培养想象力和创造力。
治愈心灵	• 通过游戏抒发情感,治愈心灵的创伤。 • 帮助孩子理解自己与他人的内心世界,培养共情能力。 • 通过情感共鸣和相互接纳的经历,培养健康的自我意识和自尊心。

我们再来看一个案例。一个孩子和妈妈玩过家家游戏,孩子扮演妈妈,妈妈扮演孩子。妈妈表现得就像孩子平日里那样撒娇耍赖,颐指气使,做事的时候不情不愿,磨磨蹭蹭。孩子则回忆妈妈平时的样子,努力模仿妈妈的一言一行,专心致志地扮演妈妈的角色。下面是两人在游戏中的对话。

"吃完饭了,你得刷牙。"

"不,我讨厌刷牙。"

"不行,必须刷。不刷牙的话,牙齿会坏掉的。"

"不刷。妈妈小时候不是也很讨厌刷牙吗?我也不想刷。"

"现在妈妈不这样了,所以你也必须刷牙。"

平时妈妈教育孩子所使用的语言全部原封不动地重现在孩子扮演的妈妈身上。这种角色扮演游戏会对孩子产生怎样的影响呢？孩子通过这个游戏可以学到什么呢？在做完游戏的当天晚上，孩子吃过晚饭后竟然主动刷了牙。在扮演妈妈的过程中，孩子理解了妈妈的心情，更加明确了作为孩子，自己应该做什么。之前妈妈苦口婆心地劝孩子刷牙，他都不肯配合，可是通过这个游戏，孩子不刷牙的行为有了显著改善。

在父母的固有观念中，所谓教育就是给孩子摆事实，讲道理。但是4~7岁的孩子并不靠这种方式学习，而是在玩耍中学习。对孩子们来说，做游戏就是学习。他们在游戏角色中体验丰富的情感和想法，从而有所感悟和成长，所以孩子们的生活应该充满有趣的游戏，这样他们才能更好地学习和成长。

不过对于游戏及其作用，我们也要合理地看待，既不能把游戏纯粹化，认为游戏中不能涉及一点与学习相关的内容，也不能陷入只要游戏玩得好，一切都会迎刃而解的游戏万能主义论调。健康的游戏有助于孩子的情绪和认知发展，所以游戏的主人公不能是父母或老师，而必须是孩子。在玩游戏的过程中，孩子的自发性和主导性非常重要，父母要尊重孩子的意见，父母的作用仅限于听从孩子的指挥并给出建议。

还有一点我想强调一下，那就是游戏不是自动运行的，玩游戏也需要教导和学习。让我们回想一下自己小时候玩游戏的经历吧。起初是我们看着别人玩，然后一边观摩一边学习，在游戏过程中，当某个人因为失误连累他人或者违反游戏规则的时候，就会受到其他游戏参与者的指责。通过这样的过程，我们逐渐熟悉了游戏的规则，并且学会了遵守规则。玩游戏的过程其实就是学习的过程，所以面对不会玩游戏的孩子，父母最好先搞清楚游戏的各种作用，然后再有的放矢地指导孩子，这样才能有效拓展孩子的综合知识，帮助其走上健康游戏的道路。但这并不意味着我们要事无巨细地指导孩子，而是要始终保持孩子在游戏中的自发性和主导性。

近几年，新冠疫情严重影响了孩子们的游戏环境，同龄人聚在一起玩耍的机会几乎消失得无影无踪。因此，无论是户外游戏还是居家游戏，孩子想要玩得尽兴，都离不开父母的引导。现在陪孩子玩游戏完完全全成了父母的职责。不过作为父母，我们也不必有太大的心理负担，因为我们并不需要长期负责这件事，等到孩子可以独立玩耍的时候，就不再需要父母的陪伴了。当孩子懂得享受游戏的乐趣，能够主动在游戏中学习时，无论环境如何改变，无论有没有父母的帮助，他都能享受游戏，还能在变化的环境中主动适应游戏的规则演变。培养孩子这样的游戏能力，就是目前 4~7 岁的孩子家长应该尽到的职责。现在就让我们一起了解一下应该如何指导孩子做游戏，以及如何帮助孩子享受游戏的乐趣吧。

10 种拓展综合知识的游戏

游戏是孩子的第二生命，也是孩子的第一所学校。对孩子们来说，最理想的学习方式就是通过游戏让自己的情绪和认知均衡发展，并掌握终身学习的能力。下面就让我们一起来了解一下既能帮助孩子积累综合知识，又能在儿童发育和治疗层面发挥积极作用的游戏吧。虽然并不是所有游戏都能照抄照搬，但是你完全可以从下面的例子中获得灵感和创意。孩子能否在玩耍中积累综合知识，关键在于他是否通过游戏获得了现实中的成就感。让我们丢弃偏重认知教育的念头，也抛开对孩子过早进行认知教育的负罪感，痛痛快快陪孩子玩耍吧。

知识游戏① 装裱画作，打造满满的仪式感

很多孩子都喜欢画画。画画是一个不错的游戏项目，在忙碌的育儿生活中，孩子画画为父母提供了喘息的机会。现在，让我们把画画这件事变得更有意义一些吧！

※ 游戏方法

让孩子以任意主题画一幅画。在孩子画画的过程中，父母要适时对孩子的表现和态度提出表扬。这一点非常重要，因为只有这样孩子才会对画画保持持续的热情。

> "原来你是一边画画一边思考呀。你认真思考的样子太帅了。哇，你还用心地涂了颜色呢！"

等孩子放下画笔时，父母可以询问他是否已经画完，并对他的绘画能力以及坚持到底的执行力给予肯定和夸奖。比起单纯夸"画得真好"，对画作的内容、颜色和用心程度等细节进

行夸奖效果更佳。

"都画完了吗？你画得真生动啊。这幅画很有特色，颜色搭配得非常好，而且涂色也没有涂出线外，我看得出你很用心。"

然后把孩子的画粘贴到特定的地方，或者准备一些漂亮的相框，将孩子的作品装进去挂在墙上或者摆在显眼的地方，这样的举动会进一步提升孩子的成就感。拍下孩子的作品或者孩子和作品的合影，通过社交软件与家人分享这些照片，然后把家人的称赞转述给孩子听。

每个月在客厅为孩子举办一次个人画展也是一个不错的选择。积累大约 10 幅作品就可以举办一次画展。准备画展时，可以让孩子为每幅画命名，并附上简短的说明。如果父母能帮孩子把作品的名字和说明写在画作上面，那就再好不过了。还可以与孩子一起制作画展邀请函，邀请一两个朋友来家里做客，举办零食派对。

※ 注意事项

千万不要频繁干预孩子的创作，也不要给予孩子任何忠告和训诫，让孩子独立完成，等到他画完以后再去询问画的内容。虽然孩子在画画的时候全凭直觉，但是为了回答问题，他会积极思考如何用语言将自己的想法表述出来。这个过程能进一步提升孩子的创造力和表达力，还能增强孩子的自豪感。

※ **游戏拓展**

把孩子拍摄的照片制作成影集。首先教会孩子用闲置的智能手机拍照，然后将其拍摄的照片打印出来制作成相册。不管是人物照，还是风景照都可以成为一张特别的摄影作品。当孩子看到自己拍摄的照片变成一册摄影集时，就可以从中感受到成就感，而这种成就感会进一步强化孩子继续努力的动机，久而久之，孩子还能领悟到专注的乐趣。

知识游戏② 小小面点师

作为一种五感游戏，揉捏面团深受孩子们喜欢。尽管准备材料有些麻烦，但仍有很多父母愿意与孩子一起尝试。反正需要和面，不如最后将面团制作成可以食用的小笼包或者手擀面，在享受美食的同时，还能进一步提升游戏体验。孩子本以为制作食物是父母才能做到的事情，自己太小无法胜任，如今却拥有了尝试的机会，因此肯定会兴致盎然。这种实际经验对孩子积累知识很有帮助。

※ **游戏方法**

父母和孩子洗净双手后便可开展游戏。可以在游戏开始前就将烹饪目标设定清楚，比如制作一屉小笼包，这样孩子会更感兴趣，也会更遵守游戏规则。由于不熟练，孩子肯定会犯很多错误，比如将面粉撒得到处都是或者把周围弄得乱七八糟，我们对此不要在意。这种游戏即使一个月进行一次，也会给孩子留下深刻的印象。

※ 注意事项

可以单独给孩子一块面团让他玩耍，最好再给他准备一把玩具切刀，让他体验一下亲自揉面、切面的感觉。在孩子制作的过程中，父母不要妄加干扰。有些父母会将孩子制作的成品捏成更好看的形状，可是如此一来，孩子就会觉得自己的作品一无可取，或者虽然好看，但是并不属于自己，从而丧失成就感。如果父母觉得孩子制作的东西不达标，可以从旁指导，或者向他展示正确的制作方法，帮助他优化改进。即便孩子最终做出的东西仍然达不到要求，父母也要无条件地支持他，这一点非常重要。

※ 游戏拓展

除了使用真正的面粉，我们也可以使用黏土或者橡皮泥等材料来玩面团游戏，还可以在小托盘上铺一层薄薄的橡皮泥，然后在上面画画或者写字，书写错误时还可以即时擦掉重来，这样不仅有助于稳定孩子的情绪，锻炼孩子的手部肌肉，而且能够提高孩子的认知能力。

知识游戏③ 发挥空间想象力，搭建心里的游乐场

所谓观点采择能力就是儿童推断别人内部心理活动的能力，即能设身处地理解他人的思想、愿望和情感等。这是一种"换位思考"的能力。通常4~7岁这个年龄段被认为是观点采择能力尚未形成的阶段，因此这一年龄段的孩子的思考方式大多以自我为中心。他们无法理解自己的观点与他人的观点不同

这一事实，在他们眼里，不管遇到什么情况，他人与自己的感受都是相同的。但并不是所有孩子都是如此，从小让孩子多多参与能够开阔视野的活动，接触各种复杂的情况，坚持练习以不同的观点或视角审视事物，就能更好地锻炼这种能力。

※ 游戏方法

让孩子把自己最常去的游乐场描绘出来。孩子可以先画一个四边形表示游乐场的整体轮廓，然后再凭借自己的印象画出秋千、滑梯、跷跷板等游乐设施的位置。这时能够让孩子聚精会神画画的最好方式就是父母也一起参与，但是父母和孩子要各画各的。画画期间，父母最好时不时与孩子交流几句，以维持孩子的好奇心和热情。另外在欣赏孩子画作的时候，父母一定要传达正能量。

"秋千在哪里呢？应该怎么画好呢？妈妈实在是不会画了。啊！对了，我觉得这样画比较好。"

"滑梯在哪儿？还有跷跷板呢？我记得好像还有健身器材，它们在哪儿呢？"

"哪种游乐设施最大呢？"

通过这样的对话，孩子会在脑海里搭建出整个游乐场，并还原各种游乐设施的位置，然后再把这些通过绘画表现出来。这个游戏不仅能够训练孩子的空间想象力，促进孩子的记忆力和感官发育，而且能够培养孩子的全局观念和整体思维，从而提升其观点采择能力。

※ **注意事项**

　　刚开始，4~7岁的孩子画出的设计图一定很糟糕，但是父母也不要因此而表现出自己的失望和郁闷之情，因为这对孩子的进步没有任何帮助。为了让孩子的设计图更加完善，父母可以给他看一下你们画的设计图，然后让他照着临摹。如果孩子经常临摹，就能逐渐提升自己的绘画技巧和场景搭建能力，最终画出属于自己的设计图。

※ **游戏拓展**

　　还可以试着让孩子画出从家到便利店的地图，或者与爸爸妈妈一起散步的路线图。父母可以从中发现孩子的兴趣所在，这对父母理解孩子的内心世界很有帮助。还可以将小区地图或者城市地图挂在墙上，让孩子用手指出超市、图书馆、公园、奶奶家等他去过的地方，然后在地图上顺着路线走一走，这样的活动也对孩子的成长颇有助益。

知识游戏④ 筷子夹夹乐

　　美国未来学家阿尔文·托夫勒曾说过，"使用筷子的民族将成为21世纪信息化时代的统治者"。在使用筷子的时候，不仅仅是手指，包括手掌、手腕、手肘在内的30多个关节与50多块肌肉都在同时运动，因此使用筷子能够培养孩子的手眼协调能力，锻炼肌肉的精细运动能力，最终有助于大脑的发育。

※ 游戏方法

父母想要通过语言描述教会孩子使用筷子简直太难了，因为这属于隐性知识。有些父母为了教孩子使用筷子，在吃饭的时候唠唠叨叨，这样反而会适得其反。让我们换一种方式试试吧。和孩子玩一场用筷子夹零食的游戏，选择一些容易夹起来的零食，比如洋葱圈等。等到孩子稍微熟练一些，就可以通过更换零食来提升游戏的难度。如果孩子觉得难，也可以先使用儿童筷子，等到孩子熟练后再换成普通的筷子。还可以引入其他游戏形式，让游戏变得更加有趣，比如可以通过猜拳决定吃零食的顺序等。注意在玩游戏时，亲子之间的交流十分重要，尤其是父母要告诉孩子，这个游戏不是一两次就能玩好的，每天玩几次，坚持一年就能做到游刃有余。有了这样的心理准备，孩子就不会轻易放弃了。

- **筷子的使用方法**

① 将一根筷子放置于中指与无名指中间，延伸过虎口。

② 拿起另一根筷子，将其放置于食指与中指之间，延伸过虎口，同时依靠大拇指上端，一起压住它。

③ 以拇指为支点，通过运动食指、中指及其关节来控制上面那根筷子，这样就能夹东西了。

"没错，就是这样。你做得很好呀。看着妈妈的手，跟妈妈一起做，好吗？你做得非常棒。"

"就这样每天练习 10 次，很快你就能做得跟爸爸妈妈一样好了。"

"在学习过程中肯定会出错，筷子也有可能掉下来。妈妈当初学的时候也是这样的。"

"据说经常练习使用筷子会变得越来越聪明呢。"

"经常活动手指，手工也会做得更好。"

※ 注意事项

一般来说，用筷子夹豆子是最常见的游戏，不过这对孩子来说太难了。在4~7岁这个年龄段，孩子做游戏的目的不是体验挫败感，而是获取成就感。因此，我们不要让孩子玩一些难度过高的游戏，以免令其产生心理阴影。其实，使用筷子是一件非常困难的事情，孩子一时半会儿学不会很正常，因此我们一定要保持耐心。我们必须要牢记，反复尝试才是最好的学习方式，哪怕孩子做得不好，我们的鼓励和称赞也不能缺席。

※ 游戏拓展

筷子版叠叠木。将20~30支筷子握在手里，然后把它们随机撒在桌面上。在不触碰其他筷子的情况下，每个人轮流抽取一支筷子。如果谁碰到其他筷子则算犯规，本轮不能抽取，下一个人继续游戏。若想不碰到其他筷子，则需要认真观察，同时手上的动作要细腻敏捷，因此这个游戏有助于锻炼孩子的手眼协调能力。在能够取走的筷子都被取完的情况下，接下来的参与者可以把剩下的筷子捡起来重新撒一遍。从某种层面来说，这也是一种利他行为，如果父母先给孩子做示范，孩子也一定很愿意这样做。游戏结束后，数一数自己取回来的筷子，计算得分。倘若孩子的数字敏感度很高，父母也可以给筷子缠上彩色胶带，红色代表 1 分、黄色代表 3 分、蓝色代表 5 分等，以此来提升计算难度，同时也有助于孩子思考自己的夺分策略。

知识游戏⑤ 绘制图表，培养逻辑分析力

比起单纯地列出数字，将新冠肺炎的每日确诊人数以图表的形式呈现，更有助于我们了解疫情的变化趋势。能够直观地展示出事情的发展态势，这就是图表的优势，所以在日常生活中，我们可以带着孩子一起绘制各种图表，这样有助于培养孩子的观察力和逻辑思考力。

※ 游戏方法

按照玩具的种类，将孩子拥有的玩具数量制作成图表。这样不仅能够培养孩子的数感，还能让孩子一目了然地看到自己已经拥有的玩具情况。简单的图表样式如下。

我的玩具目录

个数 \ 种类	玩偶	汽车	机器人
1	√	√	√
2	√	√	
3	√	√	
4	√		
5		√	

※ 注意事项

观察类游戏的图表最好提前准备好。刚开始的时候，由于缺乏图表的概念，孩子可能连填写图表的基本方式都不知道，但是反复画几次，他就会熟练起来。希望父母可以多一些耐心，帮助孩子熟悉图表的绘制方法。

※ 游戏拓展

父母还可以和孩子一起玩测量游戏。比如投掷游戏结束之后，可以分别测量一下父母和孩子的投掷距离，还可以尝试用迷你秤来测量物体的重量。这样的活动不仅有助于培养孩子的数感，而且也能够提升孩子的整体数学能力。在不同的游戏中使用不同的测量工具（如直尺、卷尺、天平、秤、量杯、秒表、沙漏等），也会增加游戏的趣味性和新鲜感。

知识游戏⑥ 顺藤摸瓜，巧猜食材

孩子们喜欢吃的食物有很多，而一种食物往往由多种食材制作而成。在孩子吃某种食物的时候，可以让他根据食物呈现的颜色或散发的气味猜一猜其中都用到了哪些食材。

※ 游戏方法

在吃炒年糕的时候，让孩子猜一猜制作炒年糕都需要什么食材。同样，也可以让孩子猜猜包饺子都需要哪些食材，酸辣汤需要哪些食材。猜测一种食物是用什么食材制作的，可以极大地锻炼孩子的思考能力。从来没有考虑过这个问题的孩子，即便上了小学也会觉得制作炒年糕就只需要年糕。虽然孩子还很年幼，但只要采用合适的方法进行训练，他的思考能力就会变得很出色，这一点我们必须牢记。

※ 注意事项

有一些食材并不受孩子们欢迎。如果讨厌胡萝卜的孩子知道自己喜欢的意大利面里竟然加有胡萝卜汁，他可能就不再吃意大利面了。父母本打算借此来告诉孩子，胡萝卜并不难吃，可结果适得其反，孩子连本来喜欢的食物也不吃了。因此，倘若孩子十分讨厌某些食材，父母可以根据实际情况适当地进行规避。

※ 游戏拓展

除了猜食材，父母还可以跟孩子一起研究他最喜欢的玩具是用什么材料制成的，或者进一步探索玩具经过哪些加工步骤才变成了现在的样子。这也是非常适合锻炼孩子思考能力的小游戏。

知识游戏⑦ 命名游戏

顾名思义，这是一个起名字的游戏。自己的绘画作品、用积木搭建的城堡、用橡皮泥捏塑的汽车……只要是孩子亲手制作的东西，不管是什么，都可以给它起一个名字。孩子还可以给自己参加的活动起一个代号。这类游戏可以帮助孩子将自己散乱的想法用语言组织并表达出来。在这个过程中，孩子会苦思冥想到底哪个名字才是最好的，这有助于提升孩子的总结归纳能力和语言表达能力。

※ 游戏方法

让我们通过下面的例子了解一下命名游戏的玩法吧。老师对一个正在看百科全书绘本的 5 岁孩子说："现在到做游戏的时间了。"可孩子还想继续看书，一段对话就此展开。

老师 你看到这里了，我帮你在这儿贴一个便利贴吧。
（听罢老师的话，孩子将红色的书签线拉到前面来。）

老师 哦，原来还有这个东西。这东西叫什么呢？

孩子 我不知道。

老师 是吗？那我们要不要给它取个名字呢？

孩子 就叫线吧。

老师 什么线呢？

孩子 看书的线。

老师 哇，真不错！那我们以后就把它叫作看书的线吧？

孩子 不，还是叫书线吧。

老师 为什么？

孩子 因为书线这个名字更简洁，更容易记住。

老师 没错，书线这个名字确实更顺口一些。

孩子 好的，它以后的名字就叫书线了。

另一个 6 岁的孩子在玩桌游的时候，认真遵守游戏规则，还非常照顾朋友的感受，因此受到了老师的表扬。他给自己起了个名字叫"小暖男"，老师问他是不是之前就有这个外号，他说这是他刚起的名字。虽说他之前玩过几次命名游戏，但让老师意外的是，只经过几次训练，他就有这么好的想法和创意，真是令人欣慰。看到他能够用语言将自己积累的知识表达出来，老师的脸上不禁挂满了笑容。

※ **注意事项**

4~7 岁的孩子有时会起一些荒诞无稽的名字，但无论孩子起的名字如何，父母都应该支持并记录下来。父母还可以把儿歌的歌词替换成孩子起的各种名字，与孩子一同演唱。

※ **游戏拓展**

起名字是一个思考事物的本质并将其用自己掌握的词汇表达出来的过程。可以让孩子想一个词来称呼家庭，也可以给汽车起一个新名字。我希望父母和孩子平时能多玩一玩这类游戏。

知识游戏⑧ 语言类游戏

知识的输入和输出都离不开语言，人类的沟通和交流也离不开语言，可以说，语言在孩子的认知发展和人际交往中发挥着非常重要的作用。

※ 游戏方法

我们耳熟能详的语言类游戏有很多,比如说词语接龙游戏、轮流说出以某个字开头的词语或者以某个字结尾的词语、传话筒游戏、倒序说词语游戏、正话反说游戏,以及说出视野范围内的事物名称,等等。这些游戏的难度并不高,但是很多父母却莫名地觉得语言类游戏都很复杂,因此不愿意跟孩子玩这类游戏。

※ 注意事项

我们看综艺节目的时候,经常会看到综艺明星们把常见的国家和首都说错,或者回答不出连小学生都会的简单问题,对此我们并不感到惊讶。因为我们知道这只是游戏,为的是节目效果。如果孩子在玩语言类游戏时也有类似的表现,我们也应该像看综艺节目一样,享受游戏本身,让游戏继续进行。只有这样,孩子才能享受语言类游戏带来的乐趣,在反复玩游戏的过程中收获语言表达能力提升的硕果。

※ 游戏拓展

如果精力充沛,父母可以将孩子新掌握的字词制成字词卡,玩快速抢答游戏,或者把夹子夹在字词卡上玩钓鱼游戏,还可以玩三字词语或四字成语的搜集游戏。爸爸妈妈也可以在字词卡上标注拼音,让孩子将文字和发音联系起来,帮助孩子建立最基础的拼音概念,减少日后学习时的陌生感。另外,寻找结构相同的词语也是一个不错的游戏,这类游戏不仅可以扩展孩子的词汇量，还能加深孩子对文字的印象，为其日后学习写字夯实基础。

- **寻找结构相同的词语**

① 准备 4 个小碗或者小篮子，给篮子分别贴上 AA、AB、ABA、ABB 的标签。父母可根据孩子的语言水平灵活设置词语结构的难度。

② 再用 4 种不同颜色的彩纸分别裁剪出若干个小彩签，一种颜色对应一个篮子，也可以直接在彩签上写词语的结构式。

③ 父母说出一个词语，孩子数一下这个词语的字数并分析一下该词语的结构，然后把与之对应的彩签放入相应的篮子里。

知识游戏⑨ 问答猜谜游戏

孩子从 5 岁起就应该接触培养思考能力的游戏。虽然那些能给孩子带来感官满足的游戏依然很重要，但是能够提供一定认知刺激的游戏也是必不可少的，因为只有这样才能实现孩子情绪和认知的均衡发展。在玩游戏的过程中，孩子一边玩耍一边学习，慢慢就能体会到学习的乐趣。不仅如此，他们还能将自己掌握的背景知识和隐性知识最大限度地转化为语言，从而提升其语言表达能力和思考能力。其中最值得一试的游戏就是问答猜谜游戏。

※ **游戏方法**

问答猜谜游戏的玩法非常简单,首先由出题者设定一个谜底并写在纸上,谜底可以是某个事物或某种动物的名称,然后由猜谜者向出题者提出问题,出题者只能用"是"或者"不是"来回答问题。提问上限是 20 个问题,如果猜谜者在 20 个问题内猜出谜底,即为成功。

是生物吗?是的。

是植物吗?不是。

是动物吗?是的。

它是四条腿吗?不是。

那是两条腿吗?是的。

是鸟吗?是的。

在我们家可以看到这种鸟吗?不能。

我见过这种鸟吗?是的。

是在动物园里见到的吗?是的。

是老鹰吗?不是。

它的颜色漂亮吗?是的。

是火烈鸟吗?回答正确。

孩子基于出题者的回答,在逻辑思考的基础上提出针对性问题,以提高猜出正确答案的概率。在这个过程中,孩子会把自己积累的所有知识都动员起来。虽然这个游戏是以前的孩子们聚在一起最喜欢玩的游戏,但是最近却成为少儿思维培训课的一项重要活动。如果父母在孩子 4~7 岁的时候多陪他玩这个游戏，孩子的逻辑思维就会得到飞速提升。

※ 注意事项

初玩这个游戏时，最好先让孩子当出题者，父母当猜谜者，等孩子熟练之后，再转换角色。另外，出题者想好谜底后，可以将其写在卡片上或画到本子上，注意不要让猜谜者捕捉到任何蛛丝马迹；还可以在游戏里加入一些日常生活情境，例如让妈妈写下今天晚饭的食物，然后爸爸和孩子一起猜，这会进一步增加游戏的趣味性。

正如上文所演示的那样，提问要有逻辑性和针对性，这样才能更快地猜出答案。因此，猜谜者一定要好好规划自己的问题，而不能漫无目的地随意提问。

※ 游戏拓展

根据孩子的理解能力，父母可以分阶段将游戏规则设置为提问 20 次、提问 10 次、提问 5 次，逐渐提升游戏的难度。如果孩子觉得太难，不知道提问该从何下手，父母也可以试试先用一两句话简短地描述谜底特征，然后再让孩子依循线索推理答案。

知识游戏⑩ 角色扮演游戏

角色扮演游戏或模拟游戏是 4~7 岁的孩子非常喜欢玩的一种游戏。扮演爸爸妈妈、扮演警察、扮演消防员、扮演老师等角色不仅可以帮助孩子理解每种角色的意义和行为方式，拓展综合知识，还能让孩子思考和理解对方的立场，从而提升其社会协同能力和思考能力。

另外，角色扮演游戏对孩子的心理成长也大有裨益。比如让患有严重分离焦虑的孩子扮演妈妈，而娃娃玩偶则充当孩子的角色。角色扮演的情节分别是妈妈把孩子送到幼儿园后告别的场景和再次见面的场景。玩过游戏后，孩子的焦虑水平会有所下降。如果孩子能在游戏中表演有效安抚分离焦虑的情节，则效果会更加明显。这些情节包括妈妈告别时对孩子说"妈妈爱你，你在幼儿园好好玩，妈妈在家等你"的场景，妈妈在家想孩子的场景，妈妈自言自语说"到点了，我得去幼儿园接孩子了"的场景，等等。这个游戏为孩子提供了提前应对内心焦虑的机会，对孩子来说是一种很好的练习。

美国心理学家桑德拉·拉斯（Sandra Russ）说，在孩子4~7岁的时候，角色扮演游戏是最佳的教育方式。她强调，通过这种游戏，孩子可以创造属于自己的故事。孩子在寻找恰当的表达方式的过程中，不仅能够提升创造力和想象力，而且能够提高解决问题的能力。

※ 游戏方法

游戏的方法很简单。让孩子挑选自己想要扮演的角色，然后父母配合孩子的表演，并在适当的时候提出问题，与孩子保持互动和交流。比如在扮演老师的游戏中，孩子选择当老师，而妈妈负责扮演孩子。

老师，我画不出来了。实在太难了。

老师，我想回家。

老师，小朋友说不想跟我玩。

老师，这个应该怎么做？

就像这样，扮演孩子的妈妈要不断地提出问题，然后看扮演老师的孩子如何应对，与他保持互动就可以了。孩子会用自己积累的有关老师的各种知识去努力扮演好这个角色。这时，孩子在理解老师的同时，也能意识到自己在学校的错误行为。正如学者们强调的那样，在这个过程中，孩子的思考能力、想象力和创造力都会有所提升，希望大家可以铭记这一点。

※ 注意事项

有些父母出于强化教育的私心，在游戏过程中为孩子设置难题，这种行为不可取。我们必须明白，不管玩什么游戏，让孩子在游戏中收获快乐和满足感才是最重要的。

※ 游戏拓展

角色扮演游戏的种类可以说是无穷无尽，只要是孩子感兴趣的对象都可以进行扮演。在各种各样的角色扮演中，效果最明显的还是扮演英雄，因为这会让孩子觉得他仿佛变成了那个自己最喜欢的人。但是在扮演钢铁侠、蝙蝠侠等超级英雄的时候，孩子可能只热衷于表演他们行侠仗义的情节。这时，父母要引导孩子将钢铁侠认真研制机器人的场景、蝙蝠侠努力隐藏身份的场景，以及两位英雄帮助他人的场景等这些容易被人忽视的片段表演出来，这会使游戏变得更加有趣。

读书的无限影响力

现在让我们来了解一下获取综合知识的另一种绝佳途径——读书。就像我多次提及的那样，积累背景知识的最佳方式就是读书。读书可以让孩子间接地了解各种故事和文化，获得丰富的背景知识。此外，读书对隐性知识的形成也有极大的帮助。虽然并不是亲身经历，但是孩子在阅读过程中会不知不觉地将自己代入书中角色，从而获得各种各样的体验。不过这并不意味着只要为孩子提供书籍就可以了，如果孩子通过阅读获得的知识无法在现实生活中应用，那么这些知识就会在头脑中自我囚禁，发挥不了其本身的作用。

让我们以两个孩子学习鸡和鸡蛋的相关知识为例，探讨一下学习方法。其中一个孩子曾成功地把鸡蛋孵化成小鸡，还饲养了一段时间。另一个孩子除了炸鸡和煎蛋，对鸡和鸡蛋可以说是一无所知。前者曾满怀好奇地观察过鸡蛋孵化出小鸡、小鸡长成大鸡的过程，后者的相关经历却十分有限。将这两个孩子进行比较，我们很容易就能预测出谁能更快地掌握相关知识并提出更多创意。

因此，父母应该帮助孩子将通过书本获取的知识与通过游戏获取的经验有机结合起来，让背景知识和隐性知识融合为综合知识。孩子可以通过读书来发掘自己感兴趣的事物，也可以通过亲身体验游戏来激发好奇心，具体通过哪种途径并不重要，重要的是阅读书籍和能够带来现实体验的游戏应该同步进行。

图书不仅是一种精神财富，而且是孩子培养思考能力的基石。对4~7岁的孩子来说，读书的核心诉求应该是成为一个喜欢阅读的人。在这里我想强调一点，父母给孩子读书的态度决定了孩子的阅读之路将通向何处。那么在孩子4~7岁的时候，读书应该采用何种方式呢？如何读书才能让孩子沐浴着书香茁壮成长呢？

如果你已经开始给孩子读书了，那么现在就自测一下自己的读书方式是否适合孩子吧。自测的方法非常简单，你只要在给孩子读书的时候，观察一下他的情绪和态度即可。如果孩子期待父母给自己读书，就说明孩子已经通过阅读获得了情绪满足和认知提升。如果孩子听罢父母的讲述依然兴致寡淡，急于收尾，那就说明父母的读书方式存在问题，长此以往，孩子不仅得不到提升，还有可能越来越讨厌读书。这时，父母就需要改善一下自己给孩子读书的方法。

父母给孩子读书，可以在亲子之间形成一种稳定的情感依赖，这既有助于稳定孩子的情绪，也有助于孩子将综合知识转化为长期记忆，牢牢印在脑海中。不管是对自身而言，还是对父母来说，孩子喜欢读书这件事都是一件莫大的幸事。因此，我们应该了解一下在孩子4~7岁的时候，有哪些方法可以帮助他养成终身阅读的好习惯。从现在开始，就让我们采用最理想的4~7岁儿童读书法，引领孩子自发地走入阅读的世界吧。

10 种拓展综合知识的读书方法

知识阅读① 尽情享受读者的权利

想要让孩子享受阅读的乐趣,养成积极的阅读态度,就必须让其了解和享受读者的权利。总而言之,孩子既要热爱读书,又要懂得玩耍。对 4~7 岁的孩子来说,读书的主要目的就是获得愉悦的感受。但是,父母在给孩子读书的时候总是会不自觉地为孩子的"问题行为"担忧。"我一给孩子读书,他就做一些不相干的事情。""我总是读故事给他听,但他似乎从来都没有听进去。"这些来自父母的言论不过是一些自以为是的偏见。他们将孩子的正常行为判定为问题行为,并因此而指责孩子并责令其改正。遗憾的是,在父母不断的指责和纠正下,孩子对读书产生了厌恶和抗拒。

现在让我们用一种全新的观念来审视读书吧。如果我们认真思考一下"读者的权利",就可以更好地理解孩子的行为,并能更加从容地去应对。法国作家达尼埃尔·佩纳克(Daniel Pennac)强调了读者的十大权利(The Rights of the Reader)。

① 不读的权利

② 跳读的权利

③ 弃读的权利

④ 重读的权利

⑤ 读任何书的权利

⑥ 患"包法利夫人症"（指读者将书中的虚构情节带入现实）的权利

⑦ 随地阅读的权利

⑧ 随意浏览的权利

⑨ 朗读的权利

⑩ 读完之后保持缄默的权利

对于喜欢读书的父母来说，他们一定已经充分地享受了这些权利，但是允许孩子享受同样权利的父母却寥寥无几。这是为什么呢？因为父母觉得跳跃式阅读、随手翻开就阅读、一目十行地浏览等行为都不是真正意义上的读书。可是如果现在要求你坐在书桌前，阅读一本你并不感兴趣的书，而且勒令你不准乱翻，必须一字一句地从头读起，你会有何感想呢？你的第一反应肯定也是抗拒。而孩子还处于成长阶段，自控力不如成年人，抗拒的心理只会更加强烈。因此，我们必须牢记，孩子只有先享受到读者的权利，才可能享受到读书的乐趣，进而才可能爱上阅读。

知识阅读② 尊重孩子的阅读取向

孩子应该读哪些类别的书呢？读书只看自己喜欢的种类可以吗？这是父母给孩子选书的时候经常苦恼的问题。父母总是会忍不住担心孩子读书是不是有所"偏食"，阅读的种类是不是过于单一。但是这种担心完全是庸人自扰，读书"偏食"意味着孩子喜欢的领域非常明确。这种孩子往往具有强烈的阅读欲望，能够集中精力阅读自己喜欢的书籍。因此，如果孩子喜欢特定主题或类别的图书，我们应该感到欣喜和感激，并想方设法引导孩子进一步发展自己的兴趣爱好。

　　培养孩子阅读习惯的第一个阶段就是帮孩子挑选与之兴趣爱好相关的图书。孩子的喜好多种多样，有些孩子对公主故事感兴趣，有些孩子喜欢汽车和恐龙，有些孩子喜欢机器人和宇宙飞船，有些孩子喜欢推理和冒险故事。身为父母，我们一定要摒弃阅读范围越广越好的固有观念，帮助孩子更加深入地了解他喜欢的主题。只要孩子对某个特定主题持续钻研，他的阅读范围一定会扩展到其他领域，因为知识不是独立存在的，而是相互联系的。只要深入钻研，就会由此及彼，不断扩展。孩子阅读某一类图书的动力是好奇心，而将阅读扩展到其他领域的动力也是好奇心。假如孩子喜欢阅读与恐龙相关的书籍，那我们就可以给他读各种介绍恐龙知识的图书，久而久之，孩子自然会对一些问题产生好奇，比如恐龙的生活年代、恐龙灭绝的原因或者恐龙的骨骼构造等，无论他对哪个问题进行深究，最终都不可避免地会扩展到其他领域。

知识阅读③ 融入亲子间的愉快记忆

　　想要让4~7岁的孩子爱上阅读，关键就是要让他把读书与自己快乐的记忆联系起来。有些孩子一天中最期盼的事情就是爸爸妈妈读书给自己听，因为他们在脑海中已将图书与父母温柔的声音、甜蜜的微笑联系在一起。而不少孩子上学后之所以会讨厌读书，是因为他们将读书当作一种任务，与枯燥的作业、复杂的习题等形象捆绑在一起。只要一看到书，他们就觉得枯燥无聊，压力满满，加之还要写读书笔记，就更加厌恶了。

因此，父母一定要用自己的行动，让孩子将妈妈温暖的体温、爸爸坚实的怀抱、有趣的故事、父母温柔的声音和表情等与读书联系在一起。这样的话，孩子一想到书，就会感到愉快、舒适、有趣，心中充满期待。如果这种记忆足够强烈，就会对孩子未来的阅读之路产生深远的影响。以后即便孩子开始独立阅读，这种强烈的联想记忆也会引领他在未来的人生道路上以书为友，享受阅读。另外，父母给孩子读书最好持续到孩子上小学三年级。虽然此时孩子已经识字，但由于其阅读理解力和专注力还很薄弱，如果强迫他独立阅读，可能会导致他对读书产生畏惧，从而与阅读渐行渐远。

知识阅读④ 设计读书主题游戏

我们可以将书的内容设计成各种各样的游戏，这样通过玩游戏，孩子就能更好地理解书本，巩固所学的知识，从而获得更好的阅读体验。比如可以将书中的内容与画画、唱歌、手工制作、乐器演奏、角色扮演等多种游戏结合起来。"如何将读书变成游戏？该设计成什么游戏？"这些问题的答案就藏在孩子身上。如果孩子喜欢绘画，那就设计成画画游戏；如果孩子喜欢手工制作，那就设计成手工游戏。无论什么游戏，只要孩子喜欢，或者爸爸妈妈可以共同参与即可。比如父母给孩子读完《白雪公主》，就可以根据故事设计一个角色扮演游戏。通过角色扮演游戏，孩子不仅能更加深刻地理解书本内容，而且能增进与父母之间的感情。只要我们抱着"更有趣、更快乐"的心态，就能根据书中的内容开发出更多有趣的游戏。

知识阅读⑤ 创作书籍衍生作品

我们前面介绍了将读书变成游戏的方法，其中画画是最受小朋友欢迎的游戏之一。孩子可以通过绘画的方式重现书中的情节或人物，还可以根据自己的理解进行再创作。下面列举了几种具体方法，希望父母可以陪着孩子逐一尝试。创作一部书籍衍生品可以进一步激发孩子的阅读兴趣，还有助于培养孩子的思考能力和创造力。

- 将喜欢的场景画出来。

- 将喜欢的图画复印出来，然后在上面绘制一些对话框并填入台词。

  如果孩子不识字或者书写有困难，父母可以代笔。注意，最好不要修改孩子的原话。这样几年之后我们重新看这些对话，仍然能感受到孩子当时创作的心情。

- 画出主人公或者自己喜欢的人物。

- 重新拟定书名并设计封面。

- 绘制四格漫画。

  孩子可以根据自己的画本尺寸灵活设计漫画的版面和布局，也可以使用4张不同颜色的彩纸分别绘制。

- 制作巨幅海报。

  在一张规格较大的纸上画出主人公或其他人物，然后给人物画上有趣的表情，还可以画出人物的动作、衣着、发型、饰品以及其他身体特征等，创作一张巨幅海报。

在孩子画画的时候，父母可以和他交流一下，这样就能窥见他不为人知的内心想法，进而会对孩子更加了解。孩子的这些画作是非常珍贵的成果，随意丢掉非常可惜。我希望父母可以将孩子的创作思路记录下来，并将作品拍成照片，整理成一部作品集。如果能给作品集起一个名字，再添加上作者和创作日期等，那就再好不过了。

知识阅读⑥ 父母向孩子提出内容延展问题

犹太父母给孩子读童话故事的时候，从来不会一口气读到结尾。德国大文豪歌德的母亲就是如此，她会在故事即将达到高潮的时候，把书合上，让孩子自己想象接下来会发生什么。这就给了孩子充足的机会去锻炼自己的想象力和思考力。孩子讲述完自己构思的故事后，她会接着将后面的故事读给孩子听，然后让他将自己的构思与作家的构思进行对比。通过这样的过程，孩子就可以进一步精炼和完善自己的构思。

孩子完成阅读后，父母应该向其提出哪些问题呢？其实，所谓好问题就是能够激发孩子的好奇心，能够让孩子进行独立思考的问题。牛顿提出的问题是"苹果能从树上掉下来，可为什么月亮不会掉下来？"爱因斯坦提出的问题是"如果我以光速飞过镜子，从镜子里看到的我会是什么样子呢？"我们经常使用的便利贴也同样是在问题中诞生的。3M公司的研究员亚瑟·弗莱（Arthur Fry）是合唱团的一员，他经常在要唱的歌曲上贴标签，但是这些标签总是掉下来，这令他心烦意乱。于是他提出一个问题："能不能制作出可以反复粘贴的标签呢？"就像这样，世界上有无数的发明和发现都是从提出问题开始的。在孩子具备了独立提问并探索求解的能力之前，来自父母的提问将为孩子的知识生涯注入生机与活力。

在读书的过程中，有些孩子喜欢和父母对话交流。这时父母就要跟着孩子的对话节奏走，让孩子来主导对话。有时候，年幼的孩子会说出一些莫名其妙的话，这是因为书中的某些元素触动了他，让他突然有了新想法。这时父母也要顺从孩子的意愿继续和他对话，不过一定要问问他为什么会产生这样的想法，由此就可以看出孩子的想法是如何展开的。相反，有些孩子读书时全神贯注，一句话都不说，只想一口气把书读完。这时父母就不要打扰他，让孩子专心读书，把注意力全部集中到书中。

如果孩子喜欢提问和对话，父母不妨试着问一问下列问题。环环相扣的提问有助于父母与孩子开展更深层次的对话。

- 你最喜欢这本书的哪部分内容？
- 为什么喜欢？

面对这样的问题，如果孩子不知道如何作答，父母可以先说说自己的看法，然后再加以引导。这个过程很有必要，因为父母的思考方式对孩子来说是一个很好的参考范本。

- 妈妈（爸爸）看到这幅画就想起了我小时候的一位朋友。我经常跟他一起愉快地玩耍。你听完这个故事后有想到什么人或者什么事吗？
- 找一个你最喜欢的词吧。为什么喜欢这个词呢？
- 最有趣的场景是哪个？那最搞笑的呢？
- 你最想跟着尝试一下的事情是什么？
- 在你的印象里，有没有哪本书和这本书相似？
- 你想让朋友或者弟弟妹妹看这本书吗？为什么呢？
- 你想对这本书的作者或者插画师说什么？
- 如果给这本书评星级，你会给几颗星呢？为什么？

经常和爸爸妈妈交流并分享自己感受的孩子，不仅心理更健康、更自信，而且思考力和表达力也会得到提升。

知识阅读⑦ 孩子向父母提出内容延展问题

虽然父母出题、孩子回答的活动非常有趣，但是整个过程中孩子只负责答题，完全处于被动状态，所以父母可以试着让孩子掌握主动权，自己出题。如果孩子不识字，也可以看图片出题，或者根据自己听过的故事出题。有时孩子为了出题，还会要求父母重新给自己读一遍故事。你会发现孩子在绞尽脑汁出题的时候，明亮的眼珠转来转去，那副认真思考的模样别提有多可爱了。

- 云朵面包是由什么制作而成的？
- 白雪公主将毒苹果吃掉了吗？
- 7个小矮人一共有几个人？

像这样，问题自相矛盾或是问题本身已经揭示了答案也没有关系，只要父母和孩子一起享受阅读的时光就好。随着时间的推移，孩子的思考力和提问能力会逐渐提升，自然就能提出更好的问题。

知识阅读⑧ 体验书中所述场景

在保证安全的前提下，孩子可以模仿书中的某些行为，从而获得更加直接的体验。比如书中描述了枕着爸爸的胳膊看电视的情景，那孩子就可以直接照做。当书中出现炒年糕的时候，父母还可以与孩子一起动手尝试制作炒年糕。此外，父母还可以带着孩子体验书中出现的各种活动，比如打陀螺、折纸飞机等，如果能将这些画面拍摄下来制作成家庭相册，那就再好不过了。当然，想要做到这些，爸爸妈妈需要花费不少的时间和精力。但是，如果你希望孩子的情绪和认知得到良好的发展，希望孩子以后能够好好学习，茁壮成长，那么我强烈建议你尝试一下这些方法。

以4~7岁儿童为对象的文化体验项目，正是准确把握了父母的这种需求，才发展得越来越好，服务越来越精细。但是不管这些项目的内容多么科学合理，对4~7岁的孩子来说，他们成长的源泉依然来自与父母的互动，所有活动还是跟父母一起参加效果才最理想。我希望父母每周都能够陪孩子这样互动一次，如果时间不允许，一个月一次也可以。

知识阅读⑨ 反复阅读，温故知新

4~7岁的孩子总是喜欢让父母反复给他读某本书。已经烂熟于心的内容，孩子却要求反复读，作为父母很难理解这一点。但是孩子这么做肯定是有原因的，有可能是他还没有完全理解内容，也有可能是熟悉的故事更容易让他置身其中，产生共鸣。反复阅读一本书，能够让孩子温故知新，熟悉的内容也能给孩子带来心理上的安全感。

经常听的书，如果爸爸妈妈漏掉一段或者读错某个词语，孩子马上就会有所察觉，并要求爸爸妈妈纠正读错的部分。因为对孩子来说，不仅仅是故事本身，连同书中的表达方式和语句全部都印在了自己的脑海中。

因此，比起经常给孩子读新书，反复读同一本书对孩子的帮助会更加显著。通过反复阅读获取的知识会成为孩子一生的财富。实际上，有研究表明，与喜欢阅读新书的孩子相比，喜欢反复阅读同一本书的孩子在语言学习和阅读理解等方面的表现更为突出。这就是反复阅读带来的益处。因此，面对孩子没完没了的要求，父母不要感到厌烦，而应该感到开心，因为这是实现读书效果最大化的绝佳方法之一。如果父母实在没有时间，可以将自己读书的声音录下来，在孩子要求的时候放给他听。总之，请父母放下疑虑，尽自己最大的努力去满足孩子的阅读诉求吧。

知识阅读⑩ 寻找适合的读书方法

给孩子读书不是一件容易的事，因为孩子无法长时间集中注意力，时不时就会做一些不相干的事情，即使父母希望好好给孩子读书，最终往往也难以如愿以偿。如果父母不了解孩子的行为特征，就不知道如何去应对。现在就让我们一起看看不同年龄段的孩子都具有哪些特征，并了解一下与之相配的读书方法吧。

※ 3~4岁

这个年龄段的孩子开始学会表达自己的意愿，他们经常把"我自己来！""不要！"挂在嘴边，借此来表达自己的主张。因此，父母应该在良好的亲子关系以及孩子情绪稳定的基础上，给予他适当的支持和鼓励，并适时给予引导和教育。同时，这一年龄段的孩子还能通过与父母互动实现大脑的快速发育。因此，父母此时可以给孩子读一读动物、交通工具等绘本，让其了解常见事物的名称和特征；还可以教孩子大小、长短等概念，让其领略学习的乐趣。不仅如此，这一时期还是孩子学习生活规则的黄金期，多给孩子读一些经典故事或以日常生活为背景的原创童话，向孩子展示优良的行为规范和传统美德，这对孩子来说也大有助益。

最好是给孩子读经典故事。经典故事的情节一般都是善良、诚实、充满正义感的主人公遭到坏人陷害，危难之际有人伸出援手，最后齐心合力战胜坏人。这种惩恶扬善的传统故事能给孩子带来坚实的安全感。孩子在有趣的故事中间接体验社会的复杂和人性的矛盾，从而培养自己的想象力和创造力。另外，孩子听了这样的故事，还会把自己想象成一个全知全能、勇于击退坏人的英雄，在生活中他也会积极地帮助有需要的人，这对塑造孩子的自尊自爱型人格十分有效。

在给孩子读书的时候，可以一边用手指指字，一边读给孩子听，也可以采用吟唱的形式吸引孩子，让孩子与图书亲近起来。在这个时期，孩子对自己喜欢的事物非常执着，所以只要孩子想读书，无论是反复读一本，还是偶尔换新书，父母都要尽量按照他的要求读给他听。读完书之后，让孩子把书放回原处，并对他的行为给予表扬，或者教他如何整理图书，引导他遵守社会规则，养成良好习惯。

父母还需要注意的是，在读书时要给孩子充分的自由。如果孩子听到了自己感兴趣的事物，想要中断阅读开始聊天，那父母就陪他聊天，让他畅所欲言；如果孩子始终静静聆听一言不发，那父母也不要过多提问，就一直读到最后，然后再进入"读后感"环节；如果一页还没有读完，孩子就想要翻页，那就翻到他想看的位置，继续读给他听；如果还没有读完，孩子就兴致寥寥地想把书合上，那父母也要遵从他的意愿，这次没有读完的内容，下次继续读就好了。

※ 5~7岁

这个时期的孩子自主性比较强，他不只会对其他人的行为做出反应，也开始按照自己的意愿开展各种活动，因此在这一时期，父母应该对孩子的自主性活动给予帮助和支持。如果父母限制孩子的行为，或者对孩子的提问感到厌倦，就会让他产生负罪感，久而久之孩子就不再表达自己的意见了。相反，如果面对孩子的不断提问，父母能耐心地回答，就会激发孩子的好奇心和探索欲望，而父母的高质量提问则能够激发孩子进行高水平思考。这样的过程能够赋予孩子追求知识的动力，并提升孩子的自主性。

这个时期的孩子有明显的阅读倾向。孩子喜欢什么类型的书，喜欢反复阅读还是喜欢阅读新书，喜欢在读书过程中交流还是喜欢一口气读到最后，这些特点都会逐渐显露出来。因此，父母应该对孩子独特的阅读特点给予支持和鼓励。尊重孩子的阅读习惯，并帮助他发展出自己的阅读模式，这才是父母的明智之举。如果孩子喜欢大自然，那就为他准备一些相关主题的绘本和科普书，一起谈论他感兴趣的话题；如果孩子喜欢边读边想，那就为他提供充裕的思考时间；如果孩子喜欢交谈，那就与他保持交流。倘若父母能够充分尊重和满足孩子的要求，那么孩子也会更容易接受父母的要求，比如讨厌童话的孩子也会在父母的要求下欣然阅读一两本童话书。

这个时期的孩子开始慢慢识字，但是识字并不意味着孩子马上就可以实现独立阅读。虽然他可以勉强念出一段文字，但是想要真正理解句子还很困难。一般来说，孩子识字以后，仍需要一两年才可以完全实现独立阅读。因此，这时父母需要坚持给孩子读书，直到他的阅读理解能力提升至一定水平。很多孩子刚上小学就开始讨厌阅读，主要就是由父母强迫其独立阅读造成的。因此，如果父母希望自己的孩子热爱阅读，就必须做好心理准备，在孩子上小学低年级的时候也要坚持读书给他听。与听书不同，独立阅读需要孩子花费更多精力。孩子在听父母读书时，可以一口气听好几本书，但在独立阅读的时候，可能连一本书都读不下来。这是过渡期出现的正常现象，所以父母不要为此担心，只要坚持给孩子读书，这个问题自然而然就会得到解决。父母们一定要牢记我在"知识阅读①"中介绍的"读者的权利"。对4~7岁孩子的父母而言，想要让孩子爱上阅读，最重要的就是让他掌握主导权，成为书的主人。

Part 3

帮助孩子成长的第二把魔法钥匙：注意力

STEP 01
4~7岁孩子的学习离不开注意力

专注力与注意力不是一回事

让我们看看下列情况,思考一下问题出在哪里。

上小学一年级的智秀提前 20 分钟来到辅导班教室,拿出自己喜欢的书看了起来。妈妈对智秀说:

"你先好好看书,等一会儿老师来了你跟老师好好学。妈妈去办点儿事,等下课的时候我回来接你。"

"好的。"

智秀回答得干脆利落,看起来她已经完全听到了妈妈的嘱咐。然而过了一会儿,有人过来问她:"你妈妈去哪儿了?"她却摇着头回答:"我不知道呀。嗯,是去卫生间了吗?妈妈去了哪儿呢?"

为什么会出现这样的情况呢？很多孩子都存在类似的问题。小学二年级的志浩正在和朋友讨论玩什么游戏，两个孩子的意见出现了分歧。志浩想玩算数游戏，朋友想玩记忆游戏。因为两人喜欢的游戏种类不同，所以他们通过猜拳来决定游戏的顺序。结果志浩赢了，于是他们先玩算数游戏。在游戏开始之前，有人询问两个孩子："这局游戏结束后，你们决定玩什么游戏呢？"志浩回答说："我不知道。"听罢他的话，朋友生气地大声喊道："不是说好了玩记忆游戏吗？"这时志浩才道歉说："啊，没错，对不起。"由于志浩及时道歉，事情并没有闹大，虽然他并非故意，但是这种行为也可能会成为破坏友谊的一个因素。

现在就让我们仔细分析一下吧。显而易见，智秀和志浩是真的记不起来了。智秀妈妈早就怀疑智秀的听力有问题，为此还特意带她去做了检查，可检查结果表明智秀一切正常，于是妈妈又担心孩子有发育障碍，可是询问周围的人，大家异口同声地表示智秀没有任何发育障碍。然而，只要智秀的注意力集中在某件事上，不管你如何叫她，她都没有反应，这一点让妈妈郁闷至极。智秀妈妈说，她总是担心孩子脑子不好使或者记忆力有问题，因为智秀总是不好好回答问题，而且经常忘记约定好的事情。这究竟是怎么回事呢？令人震惊的是，很多孩子都有类似的问题。事实上，注意力存在问题才是导致这种情况发生的根本原因。

"您的孩子好像注意力欠佳。"

听到这样的话，智秀妈妈表示不理解。

"不可能。她做事很专注，怎么可能注意力欠佳？她拼乐高能拼一个多小时，看书的时候也是一样。我家孩子的注意力没有问题。"

"她的专注力可能很好，但是注意力和专注力是不同的。在幼儿园里，她应该也很难听从老师的安排吧？即便老师下达了指令，她也无动于衷，继续做自己的事，是吧？不听老师的话只做自己想做的事情，或者根本听不到老师的话，又或者是独自发呆不知所措，这些都是注意力不足的表现。"

"没错，是这样的，所以老师经常批评她。我也搞不清楚为什么……话说回来，注意力和专注力有何不同呢？"

注意力和专注力这两个词语在日常使用的时候并没有太大区别，因此当我遇到注意力分散症状严重的孩子时，一说到孩子的注意力欠佳，很多父母都会惊讶地表示孩子在某件事情上的专注力很好。想要解决注意力问题，首先必须弄清楚注意力和专注力之间的差异。正如智秀妈妈所说的那样，智秀对自己感兴趣的事情表现出非常优秀的专注力。不仅如此，她的记忆力也很出众，只要是读过的故事，她都能讲得头头是道。可是她为什么会出现上面的问题呢？

对于感兴趣或者喜欢的活动，能够轻松且快速地集中注意力，但是对于别人的指令却无法集中注意力，这样的情况就属于注意力不足。比如智秀只专注于自己喜欢的活动，妈妈的话语根本无法引起她的注意，即使已经上课了也无法停下手中的事情，等等，这些情况都是注意力不足的表现。在一般语境下，我们可以将注意力和专注力混用，但是在孩子的行为中，真正容易出现问题的往往不是专注力，而是注意力。接下来让我们具体了解一下注意力和专注力到底有何区别。

专注力强的孩子？注意力差的孩子？

专注力是将精力聚焦于一种信息上的能力。花费一个多小时搭积木、画画、玩拼图，这说明孩子的专注力很好，但这与注意力水平如何是两码事。相反，所谓注意力是将焦点聚集在必要的事情或者必须执行的任务上，不为外界的刺激所干扰，集中精神专注于完成任务的能力。因此，判断注意力水平的关键标准就是能否将精力集中在自己不感兴趣的事情上。即使并不情愿，也能将精力集中于需要做的事情上，这种能力就是注意力。这意味着当父母或者老师说"看这里"的时候，孩子能够停下手中的事，将注意力转移过去，集中精力处理指示事项。就学习而言，注意力是将精力集中于学习上的关键因素。

但是，注意力不足的孩子在4~7岁的时候表现得并不明显，他们只不过看起来有些好奇心旺盛、行动散漫而已。父母们也认为随着年龄的增长，他们的情况会有所好转，所以并不在意。但是倘若任由其发展，等到孩子开始学习的时候，就会出现学习困难的问题，等到上了小学，问题则会更加凸显。

如果孩子的注意力低下，那么他在家里或课堂上就会表现出不认真听父母和老师说的话。在交换意见或者讨论的过程中，他很难集中注意力去聆听别人发言。因为没有听明白，所以很难正常开展对话，在表达自己想法的时候也难免会发生问题。而且最重要的是，对于不感兴趣的科目，他难以集中注意力去认真听讲，因此学习同样会出现问题。如果父母能够了解何谓注意力，就可以通过日常生活中的琐碎小事及时发现孩子的注意力问题。

注意力大致可以分为视觉注意力和听觉注意力，按照表现形式可以细分为5种类型，分别是集中性注意力、选择性注意力、持续性注意力、交替性注意力和分配性注意力。除了分配性注意力，其他4种注意力必须在孩子4~7岁的时候开始培养。其中任何一种注意力不足都会引发注意力分散、注意力难以持续、注意力转换障碍等问题，这会导致孩子处理信息的速度变慢，其学习能力和学习情绪都可能因此而受到不良的影响。

现在就让我们了解一下注意力不足的原因、4种注意力的准确定义及其作用，以及培养注意力的有效方法。

注意力不足的先天性原因

如果你觉得孩子的注意力不足，首先需要了解一下原因。

儿童注意力不足的原因大致可以分为先天性和后天性两种。倘若孩子行为散漫，注意力难以集中，最让我们担心的就是孩子是不是患有 ADHD（注意力缺陷多动障碍）。

如果你怀疑孩子注意力欠佳是由于先天性问题，那就需要带他去专业机构接受 ADHD 或者 ADD（注意力缺陷障碍）检查。不过父母也不必过于担心，去接受检查并不意味着孩子一定存在问题，与其暗自担忧，不如提前了解一下相关信息。大家对 ADHD 多少有所了解，可是对 ADD 却知之甚少。如果我们能够了解两者之间的区别，就能更加有效地解决孩子的注意力问题。

ADHD（注意力缺陷多动障碍）

ADHD（Attention Deficit Hyperactivity Disorder）的主要症状是注意力欠缺、行为冲动、活动过度等。患者也会因难以抑制注意力和自我即时反应而表现出执行能力低下。所谓执行能力低下是指由于患者负责执行指令的大脑额叶功能存在异常，而表现出专注力不足或者手忙脚乱的行为。除此之外，患者还会出现一些其他症状，具体如下：

- 遇事急躁，缺乏耐心。
- 只做眼前想做的事情，不去完成更重要的事情。
- 情绪不稳定，难以控制内心的冲动。
- 自尊心和成就感低下，对批评反应过度，内心容易受挫。

- 不擅长整理和收纳，在限定的时间内无法完成任务。

- 很难产生去做某件事情的动力。

- 意识不到自己的行为存在问题。

- 只认一个目标，无法兼顾其他事情。

如果孩子患有 ADHD，就很难在上课期间保持安静，这样自然会出现不认真听讲，不遵守课堂纪律的问题。总而言之，就是孩子在学习上必然会出现问题。患有 ADHD 的孩子在认知、情绪、行为调节等方方面面都会出现困难，如果其症状没有得到有效治疗，长此以往还会引发自尊心薄弱、抽动症、焦虑症、抑郁症、认知障碍、强迫症等问题。此外，患者还会出现打断别人说话，莫名其妙地自言自语，与同龄人相处困难等问题。如果不及时治疗，到了青少年时期，患者的症状会进一步恶化，甚至会引发品行不端或越轨行为。即便到了成人期，问题也不会自然好转。世界卫生组织（WHO）将 ADHD 列为世界范围内上班族无故缺勤或工作效率低下的十大原因之一。成人 ADHD 患者的学业、工作、家庭生活等质量会全面下降，如果不好好接受治疗，还会很容易出现嗜酒和网瘾等情况。正如上文所述，因为 ADHD 的并发症太多，所以患者越早接受治疗越好。

韩国首尔大学附属医院精神健康医学院金凤年教授团队从 2016 年 9 月开始，在为期一年半的时间里对韩国四大区域内的 4057 名孩子及其父母进行了流行病学调查。在 1138 名未满

13岁的小学生中，患有对立违抗性障碍的儿童（19.8%）最多，ADHD患者（10.24%）和特定恐惧症患者（8.42%）紧随其后。另外，在每10名患有对立违抗性障碍的儿童中，平均有4人接受过ADHD诊断。也就是说，如果小学每个班平均30人，其中就有3~5人出现了ADHD症状。这绝不是一个小数字。因此，我们应该认真了解一下ADHD的症状，这样才能及时发现孩子是否存在这种问题。ADHD的症状主要有3点：过度活动、行为冲动和注意力不足。可以看出，之前提到的注意力不足只是ADHD的症状之一。

※ 过度活动

所谓过度活动是指患者就像是被安装了引擎一样，手脚动作不停，坐立难安。吃饭的时候身体扭来扭去或者四处走动，上课的时候晃动身体，手一直抚摸或者敲打东西，经常打断或干扰他人，不管如何教导都没有改进。

※ 行为冲动

行为冲动指的是无法耐心等待，经常做出愤然离席或者妨碍别人的行为。在别人讲话的时候打断插嘴也是冲动性行为之一。比如老师话音未落，学生就迫不及待地举手高喊，这样的举动或许不是因为他个性活泼，而可能是其行为冲动的表现。这些情况在孩子4~7岁的时候表现得并不明显，但在上学之后就会凸显出来。因此，在孩子4~7岁的时候仔细观察他的行为特征是十分重要的。

※ 注意力不足

注意力不足是指注意力涣散，做事不专心或者容易忘记事情的症状。患者经常迟到，做事不守时。自己的能力远超所取得的成果，这也是注意力不足的表现特征之一。注意力严重不足的情况也被称为注意力缺陷障碍，或者称为安静的 ADHD。其外在表现并不明显，因此需要细心观察才能发现。

ADD（注意力缺陷障碍）

和 ADHD 相比，ADD（Attention Deficit Disorder）的症状只有注意力不足，没有过度活动，也没有行为冲动。ADD 患者会频繁地、不自觉地走神，这并不是说 ADD 患者就无法集中注意力，他们只是不能决定集中注意力的时间和场合。因此，他们经常会迷路，丢三落四，很难跟上正常对话的节奏。最重要的是，患者的所有症状都不是有意为之。从神经学的角度来说，这是由于患者大脑前额叶皮质活动慢性下降，导致控制力不足，因此各种感官信息、想法、情感、冲动等充斥整个大脑，致使大脑无法集中注意力，内心也无法平静。

对 ADD 患者来说，如果不是自己感兴趣的领域，就很难集中注意力，这就导致他们无法理解或者记不住听到的话，因此家长们会怀疑这些孩子是否智力低下。在与朋友们一起玩耍或者过集体生活的时候，因为他们无法给出恰当的反应，所以人际交往会遇到困难。上课时，即使他们看起来像在认真听讲，精神高度集中还不时地点头回应，但是听课效果却往往让人大失所望。这些症状会让父母或者老师感到失望，也会给孩子带来挫败感。

需要注意的是，ADD 的症状在大多数情况下很难被及时发现。患有 ADD 的孩子不会在教室里乱跑乱嚷，虽然他们行动迟缓且无法集中注意力，但是由于没有明显的问题行为，老师和家长很可能会发现不了他们的异常。如果发现得太晚，错过了最佳的治疗时期，不管是孩子还是父母都会为此而吃尽苦头。因此，在孩子 4~7 岁的时候，父母应该认真观察孩子的行为，留意一下自己的孩子是否存在 ADD 的症状。

下面是 ADD 患者的一些主要症状。

- 注意力不集中。
- 上课时无法集中注意力，经常做小动作或者趴着睡觉。
- 行为散漫。
- 经常发呆，因此很难参与到同龄人的游戏中去。
- 表达自己的意愿或决策时比较被动。
- 获得的成就与智力水平不匹配。
- 与人交流的时候注意力不集中，不能及时回答问题，因此容易在人际交往中引发误会。

注意力不足的后天性原因

在导致孩子注意力不足的因素中，70% 与遗传因素有关，

30%与环境因素有关。其中，我们更应该关注后者，因为我们无法控制遗传之类的先天性因素，却能够控制环境之类的后天性因素。这些后天性因素包括父母的养育态度和孩子自身经历的压力事件等。只有清楚了这些因素，我们才能对症治疗，帮助孩子缓解或者恢复。对孩子来说，排在第一顺位的环境就是父母。下面让我们来了解一下父母的哪些教养方式会导致孩子行为散漫、注意力不足吧。

第一种教养方式是纵容和溺爱。父母没有教会孩子遵守必要的规则和秩序，也没有让其学会节制和延迟满足。比如不分时间和场合地纵容孩子四处乱跑、随意吃东西，或者没有教孩子一些基本的行为规则，长此以往，孩子必然会变得十分散漫。很多父母会说自己一教育孩子，他就大哭大闹，自己实在没有办法，殊不知正是自己这种过度溺爱和纵容的教养方式才是孩子无视规则的最大原因。

父母要教会孩子即便哭哭啼啼也要坐在餐椅上吃饭，即使不愿意也要在规定的时间内完成作业。从小开始，父母就要通过微小的日常行为培养孩子的自控力。虽然所有父母都希望好好地培养和教育孩子，但是从过程和结果来看，很多父母其实都采取了放任的教养方式。父母觉得自己是在用心地照顾孩子，结果孩子却变得非常散漫，而且这种散漫还恰恰是由父母放任的养育方式导致的。相信听到这样的话，很多父母都会觉得十分委屈，但是只有认识到问题，未来才会变得越来越美好。如果你的身上也发生了这样的情况，与其伤心难过，不如用心思考一下今后应该如何做。不遵守规则和秩序的孩子，无论是在幼儿园还是在学校，只会变得越来越散漫。作为父母，这一点我们必须要牢记。

有一个7岁的孩子无法集中注意力，不停地到处乱跑，挑逗朋友，甚至动手打人。妈妈看着这样的孩子，一脸不解地对我诉苦道：

> "别的孩子不特意学也能做得很好，为什么我们家孩子却不行呢？这些事情难道不是他理所当然应该懂的吗？"

这位妈妈是一位职业女性，孩子从小是在奶奶家长大的。奶奶觉得孩子从小就跟妈妈分开很可怜，只顾着宠溺，从来没有教过他基本的礼仪与规则。就这样3年过去了，爸爸妈妈把孩子接回来送进了幼儿园，结果孩子惹祸不断，在幼儿园里经常受到批评，也不被其他小朋友接纳。从这位妈妈的抱怨中，我们可以看出她对儿童教育的无知。她只是一味地抱怨孩子不懂得遵守规则，却不知道问题的症结是孩子根本就没有学习过规则。她误以为这些基本规则是不用教的，却不知其他孩子也绝非天生就会遵守规则。事实上，孩子每天都在学习必须遵守的基本规则。在成长过程中，孩子通过模仿养育者的行为来学习，数百次、数千次反复观摩各种规则和礼仪，直到完全掌握。大部分孩子不是没有学习就懂得遵守规则，而是在无形中持续学习，突然有一天发觉自己已经学会了。改善注意力也是同样的道理，即便孩子的注意力存在先天性缺陷，只要好好教导并加以训练，使之成为习惯，也可以在某种程度上恢复正常。如果孩子目前还没有学会，那就从现在开始教导他，让他经常练习集中注意力的方法。

第二种教养方式与第一种教养方式恰好相反。在孩子的成长过程中，父母持续性的强迫和控制会让其变得精神萎靡。孩子经常受到训斥，一言一行都要听命于父母，这样会极大地增加其心理压力，而心理上的不适会对孩子的注意力产生严重的负面影响。

孩子应该尽情玩耍，拥有自主性。如果做不到这一点，再加上父母的控制与唠叨，孩子就会因压力过大而变得注意力不集中，坐立不安。长此以往，孩子无论做什么都会看父母的眼色，难以调节自己的情绪，甚至会产生冲动行为。

如果你觉得自己的孩子行为散漫，做事情注意力不集中，那就要首先反省一下自己的教养方式是否存在上述问题，有则改之，无则加勉。采取合理的方法稳定孩子的情绪，规范孩子的行为，才能从根本上帮助他提升注意力水平。

STEP 02 注意力所蕴含的力量

：4~7岁的孩子应该如何培养注意力？

6岁的何俊在幼儿园里经常被老师批评，因为他从来不认真听老师讲话。用餐的时候到处乱跑，拿着筷子和勺子与同学打闹，吃完之后也不收拾自己的餐具。上课的时候，注意力不集中，在教室里随意走动。就算他偶尔稳稳当当地坐在座位上，当你询问他课堂上讲过的内容，他也是一问三不知。老师已经耐心地劝导过他多次，但是他依然我行我素。为了解决何俊的问题，父母是应该带他去接受检查，确认一下他是否存在注意力缺陷呢，还是试着找到适合的方法帮助他改善呢？带孩子去检查确认虽然也是解决问题的方式之一，但是相比之下，使用科学的方法进行干预并观察干预过程中孩子的变化，才是最理想的方式。如果不是先天性的问题，大部分孩子都会出现明显好转。

医院和心理咨询中心都能进行"注意力检查",但我不建议未满48个月的婴幼儿接受这项检查,因为这一时期是孩子刚开始培养注意力的时期,此时被诊断为注意力不足是有失妥当的。这时孩子的注意力尚处于发展阶段,这就意味着他看起来会有点儿精神涣散,不知道如何集中注意力,就算你呼唤他,他也可能没有任何反应,这是因为他还没有经历学习的过程,换句话说,他还没有接受过训练。因此,与其草率地判定孩子有问题,不如好好想想应该如何教导和帮助孩子练习注意力。当然,如果已经进行了提升注意力的专业干预,而孩子的症状仍然没有起色,就需要接受检查了。

4~7岁的孩子还处在学习阶段,特别是注意力的学习,基本都是从4~7岁开始的,因此从这时开始,父母就应该培养孩子的注意力。具体而言,孩子要能够做到两点:一是专注于某项活动,哪怕中途受到干扰,也能将眼前的事情进行到底。二是当爸爸或者妈妈呼唤他的时候,他要学会暂时放下手里的事情,给予回应。注意力是一种在很多场合都不可或缺的能力,如果没有好好培养,等孩子上了小学,可能会面临严重的注意力缺陷问题。我们不能盲目地认为现在孩子还小没关系,或者觉得孩子以后自然而然就会好起来,从而错过了培养注意力的最佳时期。

前面我们已经介绍了注意力和专注力的差异,以及孩子应该具备的4种注意力。现在让我们深入了解一下这4种注意力,然后看看各种注意力不足的后果,以及能够提升孩子注意力的专业方法。

父母必须了解的 4 种注意力

我之前说过，注意力是人的心理活动指向和集中于某种事物的能力。为了培养孩子的学习力，注意力是不可或缺的前提条件。不过父母没必要过于担忧，即便孩子存在注意力不足的问题，通过适当的训练，也能使注意力得到提升。

不同学者对注意力的分类存在着细微的差别。但总体来说，根据外部刺激的种类不同，注意力可以分为视觉注意力和听觉注意力；根据表现形式的不同，注意力又可以分为以下几种类型：对必要的刺激做出反应并集中关注的集中性注意力；抑制外界干扰，只关注一项课题的选择性注意力；对一项课题保持持续关注的持续性注意力；即便注意力在喜欢的事物上，也能将关注点转移到需要完成的课题上的交替性注意力。除此之外，还有同时对两三种刺激或活动保持关注的分配性注意力，以及在解决问题时对必要信息的记忆存储力和提取力。虽然所有种类的注意力都很重要，但是注意力是按照一定的顺序发展的，在 4~7 岁这个时期，孩子最需要培养前面的 4 种注意力。

集中性注意力

4 岁的秀彬在看电视、玩游戏和看短视频的时候十分专注，但是在吃饭和读书的时候，他一刻都静不下来；在搭积木和玩拼图的时候，他也无法坚持到最后，常常半途而废。有时候他能很好地集中注意力，有时候又不能，这让父母感到非常困惑。

秀彬的表现属于集中性注意力不足。在观看电视或短视频的时候，他之所以看上去十分专注，是因为充满色彩的视频持续刺激他的感官和情感大脑，使其投入其中，难以自拔。这与玩拼图或者画画时，将自己的想法用行动表现出来的集中性注意力完全不同，稍有不慎，孩子就会出现只热衷于感官刺激的中毒现象。父母每天都允许秀彬看3个小时的电视，坐车外出的时候，为了让他保持安静，就给他玩手机，正是这些行为导致了这样的结果。当我将这些告知秀彬的妈妈时，她感到惊讶的同时也充满了负罪感，然而就在我和秀彬妈妈正在交流的时候，秀彬仍旧一直缠着她要手机玩。

集中性注意力是一种能够立刻对某项课题保持高度关注的能力，也是一种将关注点聚焦于视觉和听觉信息并进行理解和执行的能力。如果孩子的集中性注意力不足，就会很难专注于某项具有挑战性的活动，还会表现出即兴或冲动性的反应。

选择性注意力

孩子正在教室里听老师讲课，突然被外面的声音所吸引，于是立即起身查看；注意力无法集中在一个地方，时不时开小差；在玩迷宫游戏的时候，突然看到一个卡通人物，便立刻开始涂色；玩拼图的时候，突然想起什么，于是开始说不相干的话题……这些现象都是选择性注意力不足的表现。

选择性注意力是指即使存在分散注意力的视觉或听觉刺激，也仍旧选择关注和执行当下课题的能力，亦即排除周围的干扰因素，准确选择某种刺激进行关注的能力。听的时候需要听觉选择性注意力，看图片或者看书的时候，则需要视觉选择性注意力。在这两种选择性注意力里，只有其中一种存在严重不足的情况是比较普遍的。

如果孩子的选择性注意力不足，即便有需要完成的作业，他也会经常分心去做其他事情。因此，我们需要细心观察孩子对待作业的态度和行为，同时还要用心观察他对待听觉和视觉作业的行为是否有所差别，以确定到底是哪种选择性注意力存在问题。

为了培养和改善孩子的选择性注意力，我们需要对孩子进行持续性的训练。训练方法其实很简单。如果孩子存在视觉选择性注意力不足的情况，就多让孩子玩图画捉迷藏、找不同、闯迷宫、找单词等游戏；如果孩子存在听觉选择性注意力不足的情况，可以多进行问答猜谜，数字或词语的跟读，以及儿歌倒序演唱等活动。后面有详细的介绍，我希望父母每天可以陪孩子玩一次这样的游戏。

持续性注意力

顾名思义，持续性注意力是指在一定的时间内持续关注某一项课题的能力，也是将一件事情坚持到底所需的能力。在注意力不足的各种表现中，最常见的就是缺乏持续性注意力。如果一个孩子的持续性注意力不足，他就会很难长时间专注于一件事，只要稍微觉得无聊或疲劳，他就会变得精神涣散，视线游移不定，容易被其他声音吸引，做事三心二意，频繁出错。很多时候，孩子健忘并不是因记忆力出了问题，而是由持续性注意力不足引起的。

在4~7岁这一时期，新奇有趣的活动或者事物很容易吸引孩子的注意力。但是对孩子来说，最重要的是拥有持续性注意力，即就算课程无聊，就算练习题枯燥，就算有人提议一起玩，也能坚持把当下的事情做完。遗憾的是，这种能力不是与生俱来的，而需要后天培养。所以，当孩子正在做他不感兴趣的作业时，父母应该多多鼓励和支持，让他不断收获成功把事情做完的经历。记录孩子每次集中注意力的时长，然后把时长的增长趋势展示给他看，这会成为孩子坚持下去的强烈动力。但是孩子毕竟年幼，想让他从写作业中体会到乐趣，还是需要一些技巧的。如果孩子正在练习写字，父母可以试着对孩子说一说这样的话："如果发明文字的人看到你这么努力地练习写字，他一定会感到非常欣慰。"对4~7岁的孩子来说，兴趣和鼓励是培养孩子持续性注意力的强大工具，父母需要铭记这一点并灵活地加以运用。

交替性注意力

燕宇聪明伶俐，5岁就开始识字了。她对自己喜欢的事情十分专注。比如在外面发现昆虫的时候，燕宇喜欢蹲下来观察。她还非常喜欢自己看书，不管父母怎么喊她，她都没有回应。有几次大家着急出门，她却只顾看书，最后是妈妈帮她打理好一切之后抱着她出门的。不过这些情况并没有引起父母的注意，因为他们从来没有想过这样的行为也属于问题行为。可是自从燕宇6岁上了幼儿园，她的行为开始出现问题。比如她完全不听从老师的安排，只做自己想做的事情。去春游的时候，只有她一个人不排队走，结果走丢了，所有人都惊出一身冷汗。可以说，她是一个沉迷于自己喜欢的事物，不懂得转换注意力的孩子。

交替性注意力是指能够顺利地将注意力从一个课题完全对焦转移到另一课题上的能力。如果一个人缺乏交替性注意力，就会对自己喜欢的东西过度关注，而很难将注意力转移至其他事物上。比如孩子学完语文之后应该学数学了，可是他却仍旧沉浸在语文课本的故事中。特别是专注力强的孩子，更容易出现交替性注意力不足的情况。如果父母能提前了解交替性注意力不足的症状，就能更好地发现和改善孩子的此类问题。

：孩子的行为与注意力之间的关系

我们一般都会笼统地说孩子的注意力不足，却并不会具体地说是哪一种注意力不足。这时如果父母能从孩子的行为中分辨出他缺乏的是哪种注意力，那么帮助孩子改善注意力就不是一件困难的事了。让我们通过下面的事例一起来分析一下孩子的行为吧。

5岁的贤秀正在客厅里和爸爸玩迷你汽车争夺游戏，游戏结束时需要数一下双方分别拿到了几台汽车。这时妈妈正在他们身边照顾3岁的弟弟，弟弟突然哭闹，妈妈便开始安抚他，环境也因此变得嘈杂起来。随着一系列状况的发生，贤秀数数开始频频出错。

"1，2，4，5，7，9……"

平时他差不多可以从1数到30，因此并不会出现这样的失误，但是当周围的情况变得嘈杂混乱时，贤秀就会忘记自己擅长的东西，频频出现失误。为什么会这样呢？贤秀缺乏的到底是哪一种注意力呢？在判断之前，我们首先需要观察孩子的情绪状态。如果他是因为妈妈忙着照顾弟弟而心生妒忌，那首先需要安慰他受伤失落的内心。如果这样做之后，孩子注意力涣散的情况仍无好转，那就需要继续观察了。

贤秀本应该主动忽略周围的听觉刺激，有选择地将自己的注意力集中在数数这件事上，但很明显他没能做到。这很有可能是因为贤秀的听觉比较敏感，容易受到听觉方面的干扰而分散注意力。这时父母可以采取转移弟弟的位置、等待环境恢复安静或为孩子戴上耳塞等调整环境的方法，也可以尝试一些培养孩子听觉注意力的训练方法，以帮助其在周围有干扰的情况下也能专注于眼前之事。

让我们再来看看6岁的宰贤。宰贤正在画画，这时妈妈对他说："妈妈去丢一下垃圾就回来。"宰贤回答说："好的。"但是，妈妈在垃圾回收站附近遇见了宰贤朋友的妈妈，两个人聊了一会儿天，等她回到家发现丈夫已经下班回来了。丈夫火冒三丈地大声质问道：

"你去哪儿了？"

"看不出来吗？我扔垃圾去了。你怎么一回来就发火？"

爸爸妈妈的争吵声吓到了宰贤，他大哭起来。让我们看看到底发生了什么。在妈妈出门丢垃圾这段时间里，下班回家的爸爸问正在独自玩耍的宰贤：

"妈妈呢？"
"不知道。"
"她是去哪儿了吗？"
"不知道。"
"她什么时候出去的？"
"出去好一会儿了。"

爸爸以为妈妈丢下孩子一个人出门很久，因此才大发雷霆。妈妈明明已经告诉宰贤了，但他只是心不在焉地给出了回应而已。宰贤没有特别去关注他听到的信息，说明听觉注意力不足；他专注于画画，没有认真听妈妈的话，因此交替性注意力也存在问题。

让我们再来看看7岁的贤俊。他在学习数学，看的是书店里常见的幼儿数学启蒙书，内容包括抄写、数数、简单的加法和有趣的贴纸游戏等。因为书中大部分都是图画，所以他可以独立学习。不过为了帮助贤俊学习，妈妈还是陪伴在他的身旁，为他阅读题目或者鼓励表扬他。在妈妈的耐心引导下，贤俊非常乖巧，基本能够独立完成习题。妈妈看他一个人也能好好学习，于是起身对他说：

"妈妈去厨房准备晚饭了，你学到这儿就出来玩一会儿吧。"

"好的。"

随后妈妈就去厨房准备晚饭了。差不多过了半个小时，妈妈以为贤俊一直在学习，可她来到房间一看，却发现贤俊正在开心地搭积木。妈妈想看看他学了多少，结果发现学习进度仍停在她离开的时候。刚才他明明一个人学得很好，怎么会变成这样呢？实际上妈妈一离开房间，贤俊就开始搭积木了。只要没有妈妈的陪伴，贤俊就无法保持专注，更无法坚持完成自己的作业。也就是说，他的集中性注意力和持续性注意力都存在问题。他很难控制自己贪玩的心，也说明其自我调节能力尚未成熟。

看过上面的几个事例，我们大致能够通过孩子的行为判断出他缺乏哪种注意力。值得庆幸的是，每种注意力都不是单独存在的，它们是有机结合在一起的，因此只要一种注意力得到提升，其他几种注意力也会在相互作用的过程中得到改善。

⋮ 孩子的情绪与注意力之间的关系

很多看起来注意力不足的孩子，他们真正的问题往往不是注意力问题，而是情绪问题。贤镇上小学二年级，他的注意力总是不集中。每次做作业，他都要花费很长时间，而且在作业多的时候不是头疼就是肚子疼，经常找各种各样的借口逃避写作业。妈妈觉得这些情况肯定是注意力不足导致的，于是带他去接受综合心理检查，但是检查的结果却与自己的预判截然不同。贤镇的智力水平高于这个年龄段孩子的平均值，注意力也不存在任何问题，而令其无法集中注意力的根本原因是情绪问题。当贤镇觉得学习困难的时候，他没有表达出自己的感受，因为他觉得如果向父母诉苦，肯定会被训斥。肚子疼、头疼都是真的，并不是借口，可是妈妈非但不相信，还反过来训斥他，于是他紧张和焦虑的情绪进一步加重。

贤镇说他最讨厌学习，最害怕写作业。他觉得妈妈很可怕，想重新变回小孩子，每天都痛痛快快地玩耍。虽然早期的认知教育提升了贤镇的智力水平，但是他的情绪问题却越来越严重，阻碍了注意力的集中。心理检查是心理医师在理解和包容孩子的基础上进行的，在这个过程中，贤镇焦虑不安的情绪得到了缓解，于是他能充分发挥出自己的能力，所谓"注意力问题"也没有之前那么突出了。

当我们在判断孩子是否存在注意力问题时，首先应该检查一下他的情绪问题是否影响到了其注意力和执行能力的发挥。孩子越小，越不可能装病，大多数时候他是真的出现了肚子疼或头疼等身体不适的症状。强迫孩子学习是无法培养其学习力的，一味地强迫孩子学习，不关注孩子的情绪，结果只会适得其反。所以从孩子4~7岁开始，父母决不能盲目地认为即便学习困难，孩子也能自己克服，从而对其情绪波动不管不顾。大家要知道，孩子内心的压力和不安情绪很可能会在青春期全部爆发出来，从而引发各种各样的问题。

最后贤镇接受的不是注意力训练，而是心理治疗。心理治疗师对贤镇的情绪问题给予充分的理解和包容，他的内心很快得到了平复。虽然妈妈认为不进行具体的注意力训练有所不妥，但还是遵从了心理治疗师的建议和安排。在接受了3个月的治疗后，贤镇的情绪明显稳定了下来。与此同时，面对作业时他的专注度有所提升，上课的时候也能保持注意力高度集中，发言也比以前更加踊跃，并获得了老师的肯定和表扬。这时贤镇妈妈才意识到孩子的情绪稳定对其注意力的提升有多么重要，现在她已经可以更加从容地帮助贤镇解决各种情绪问题了。

孩子越小，情绪状态对注意力的影响就越大。我希望父母一定要记住，无论自己多么心急，都不能忽略和压抑孩子的情绪，因为做出让孩子心灵受伤的事情就像给准备跑马拉松的孩子穿上不合脚的运动鞋一样，结果只会适得其反。

⁞ 父母必须了解的注意力十准则

良好的注意力水平是学习的前提条件，在注意力欠佳的状态下学习就好比用竹篮打水，最后只能是一场空。所以在4~7岁这个时期，比起学习语文、数学、英语，更重要的是提升孩子的注意力水平。父母与孩子之间错误的互动模式会引发孩子的注意力问题，因此我希望父母可以记住，只有积极正确的亲子互动才能提升孩子的自尊心和自我认知，从而对注意力产生积极的影响。

想要改善和提升孩子的注意力，父母的作用不可或缺。如果孩子做事经常分心,那么父母就一定要知晓解决方法。下面是父母必须了解的注意力十准则。

父母必须了解的注意力十准则

① 当孩子做事三心二意的时候,及时提醒他,让他意识到自己的行为。"等一下,你想做什么?你刚刚一直在做的事情是什么?刚刚的事情做完了吗?"
② 玩新游戏的时候,提醒孩子先将之前的玩具收起来,然后再开始新的游戏项目。
③ 最好按照 10~20 分钟可以完成的量将作业拆分开来。
④ 为游戏和作业设定分值,让孩子感受完成目标的成就感。
⑤ 从孩子喜欢的课题开始,逐渐拓展至他不喜欢的课题。
⑥ 从相对简单的课题开始,逐渐过渡到复杂难解的课题。
⑦ 从依靠父母的辅助开始,逐渐引导孩子独立完成。
⑧ 经常给予孩子支持和鼓励。
⑨ 从孩子熟悉的事物开始,逐渐延伸至新鲜陌生的领域。
⑩ 帮助孩子将寻求他人称赞的外在动机转化为获取自我成就感的内在动机。

现在就让我们一起了解一下能够有效培养注意力的具体方法吧。下面介绍的方法对先天性注意力问题也有一定的帮助,只要坚持下去,就一定能取得良好的效果。父母可以先观察一下孩子缺乏哪一种注意力,然后再选择相应的方法。

STEP 03

培养注意力的最佳方式：对话和游戏

∶父母一定要亲身实践的 4 种心理对话方法

在介绍提升注意力的游戏之前，我们先来了解一下能够促进孩子情绪和认知发展的 4 种心理对话方法吧。这些方法都是非常有效的心理疗愈技巧，不仅能够引导孩子稳定内心，明智地思考和选择自己的行为，而且对下一章即将介绍的自我调节能力的提升也很有帮助。同时，这些方法简单易学，效果显著，父母可以逐一尝试，帮助孩子快速改善其行为。

心理对话法① 让孩子复述父母的话

很多妈妈早上会说这样的话："赶紧吃饭、刷牙、换衣服，还得赶幼儿园的校车呢。头发也得梳一下。你动作快点儿！"但是孩子却很难将其全部记住，因为妈妈的指示已经多达 5 种。因此，父母在给孩子下指令的时候，需要改变一下自己的说话方式，语句要简洁明了，且一次只能下达一两种指令。如果这样做了，孩子仍然记不住，父母就应该意识到这不是记忆力的问题，而是注意力的问题。为了解决这样的问题，我们需要采用正确的对话方法，其中一个方法就是确保孩子能够听到父母的话，然后再让他重复一遍。如果孩子经常因周围的声音而分心，那么这种方法对提升孩子的听觉注意力很有效果。另外，这种方法还能帮助孩子将注意力转移到应做之事上。假设现在全家要一起出门，但是孩子却一动不动，一直在看书，虽然父母说了很多次，但是孩子依然无动于衷，这时父母可以尝试这个方法。妈妈要看着孩子的眼睛，压低声音，放慢语速对孩子讲话，语句要简洁明了。

"别看书了，现在我们得出门了。"
"嗯？"
"妈妈刚才对你说了什么？"
"不知道。"
"我再说一遍，现在我们得出门了。妈妈刚才对你说了什么？"
"妈妈说我们得出门。"
"那我们现在应该做什么呢？"
"啊，我这就去穿衣服。"

孩子没有听清妈妈的指令，并不是他故意不听话，他自己也不知道问题出在哪里。事实上，孩子只是还没有接受足够的注意力训练而已。如果父母不问缘由，一味地训斥孩子，就会导致孩子的性格和品行出现问题。需要注意的是，使用这个方法时，妈妈需要看着孩子的眼睛慢慢讲话，而不能对着孩子的后脑勺、侧面或者头顶说话，最重要的是让孩子亲口复述妈妈的话。有一位使用过这种方法的妈妈这样对我说：

> "原来孩子真的是注意力不足呀。我这样一说，孩子的情况立刻就变好了。太神奇了。"

心理对话法② 停下、思考、选择（Stop Think Choose）

注意力不足的孩子经常会出现一些突发行为。例如一个正在玩桌游的孩子突然放下手中的卡牌，冲向玩具架拿起另一个玩具，这时妈妈对他说：

> "把这个游戏玩完才能玩其他玩具。把这些玩具收拾好再去拿其他东西。妈妈不是跟你说过很多次不能这样吗？"

如果你也曾对孩子说过类似的话，并且几乎没有奏效过，那么比起白费唇舌向孩子解释，不如大喊一声"停下来"。在孩子因不顺心而大喊大叫或者摔东西的时候你也可以这样做。如果在你高喊停下之后，孩子依旧置若罔闻，我行我素，那你就接着尝试下面的方法。走到孩子身边，温柔地抱住他或者握着他的手，看着他的眼睛说：

"等一下,你先别动!先停下来。做得非常好。"

当孩子停下来以后,我们要了解一下孩子内心的想法。

"你刚才为什么突然把这个拿出来了?"
"我想玩这个。"
"啊,原来你想玩这个呀。那之前玩的游戏呢?"
"我不想再玩了。"
"嗯?你是因为要输了才不想玩的吗?"
"是。"
"哦,原来是这样。我知道了。下次你可以这样跟妈妈说:'咱们别玩这个了,我想玩点儿别的。'"

然后让孩子亲口重复一遍你刚才教的这句话。如果你还想纠正一下孩子输不起的态度,那就需要进行下一阶段的对话。比如先让孩子停下来,然后再问他这样的问题:

"玩游戏快要输的时候,你可以选择就此放弃,也可以选择坚持到底,挑战一下。想想看,现在你想怎么做?"

孩子选什么都可以。当然,妈妈肯定希望孩子说出"我想继续挑战"这样的话,但是如果孩子选择放弃也没有关系。只要坚持进行这样的对话,要不了多久,妈妈就可以听到孩子兴致勃勃地大声说"我想继续试一试"。不要着急,让我们耐心等待。

"停下、思考、选择"这个方法的核心就是在孩子做事三心二意的时候,让他先停下来,思考自己现在正在做什么、心态发生了怎样的改变,然后重新选择行为。在这个过程中,孩子会有机会调节自己的心态,意识到自己冲动的想法,并选择更为合理的行为,从而获得心灵的成长。

心理对话法③ 说出自己的想法

正在专心看书的孩子突然被外面的声音吸引,注意力难以集中。这个时候,我们可以这样对孩子说:

> "这个声音打扰到你了吧?这种时候你要不要试着对自己说'我要专注于眼前的事'呢?"

虽然在心里默念也是可以的,但是对 4~7 岁的孩子来说,直接说出来效果更佳。最好平时多让孩子用下面的话给自己加油打气。

- 集中注意力!
- 做完再去玩!
- 再难我也不怕。
- 我是绝对不会放弃的。

如果孩子经常说这些话，就能将这些想法内化于心，慢慢地就能自己调节注意力了。"说出自己的想法"这一方法是使用语言将想法表达出来，从而达到增强意志力的作用。另外，孩子在写作业之前自言自语，还可以提升自我调节能力。最初这个方法是为了治疗具有攻击性的儿童而设计的，但研究报告指出，这个方法对一般儿童也能起到一定的作用。研究表明，孩子在日常生活、学习或与其他小朋友玩耍的时候，如果能在冲动行事之前先进行自我对话（Self Talk），或者平时多练习这个方法，就能有效提高注意力和解决社会问题的能力。

具体来说，这个方法适用于以下几种情况。

- 注意力不集中或者出现冲动性行为的时候。
- 自制力不足的时候。
- 无法预测自己行为后果的时候。
- 对高效解决问题的方法还不熟悉的时候。
- 认知发展面临障碍的时候。
- 与朋友相处遇到困难的时候。

我们来看看将这一方法应用于提升孩子学习力的具体做法。如果想教会孩子在开始学习前准备好相关资料，父母就可以先示范一下如何用语言表达出在准备过程中产生的想法。

"让我来看看学习用具都准备好了没有。除了书、笔记本、铅笔、橡皮，我还需要什么呢？"

"现在需要的东西都准备好了吧？"

父母经常向孩子展示这种说出自己想法的做法，孩子就能在潜移默化中学会。有些孩子在画画时稍不满意就怒气冲冲地用铅笔乱画，或者向父母嚷着要一张新纸，而掌握这种方法的孩子可能会这样说：

"妈妈（爸爸），我想画一只小狗。呃，这只小狗画得好奇怪。我想重新画一只，请再给我一张纸吧。"

由此可以看出，如果孩子经常将自己内心的想法及时表达出来，就不会出现过于兴奋或者冲动的行为。为了教孩子学会"说出自己的想法"，父母首先要做好示范。例如在涂色的时候，父母一边涂色，一边将涂色方案或注意事项等说出来，这样孩子就会跟着做。这个过程就是模仿学习的过程。孩子在学会这种方法的同时，也自然而然地掌握了涂色技巧。

"妈妈（爸爸），我要画向日葵。中间用黄色，边框用褐色，叶子再用一点儿橘黄色应该会更好看。怎么样？我画得还不错吧？"

拼图的时候也可以使用同样的方法。让我们试着说出自己的思考过程吧。

> "让我们一起来拼图吧。先把颜色相似的放到一起,要仔细看图案,还得仔细观察形状。"

父母先说,然后孩子再跟着说,这样重复几次之后,孩子就会自己开口表达了。刚开始的时候,孩子都是模仿父母的语气和用语,久而久之,孩子就能自己组织语言了。

> "我按照自己的想法做得不错,因为我集中精力去做了。"

渐渐地,孩子还会更加具体地表达自己的情感。比如孩子原来只会简单地说"我很伤心",到了后来竟然会说"本来已经和妈妈说好了,但是因为我没有遵守约定,所以被妈妈训了。我又伤心又抱歉,这次是我错了"。

每当与孩子一起尝试某种新方法的时候,我们都要时刻牢记"好的开始就是成功的一半"。只要最开始的两三次获得成功,就会形成正向循环。如果孩子习惯用语言来表达自己的想法和感受,就会拥有优秀的情感调节能力和明智的判断能力,因为孩子总是需要说出自己心中的感受和想法,所以慢慢地他就会学会调节和控制自己的思考过程。

心理对话法④ 将消极的自我认知转变为积极的自我认知

从孩子出生到两三岁可以听懂大人讲话,他们最常听到的话是什么呢?

"你怎么总是三心二意?你真是一分钟也闲不住。你能不能乖乖待一会儿。"

如果孩子经常听到这样的话,他会产生怎样的自我认知呢?他会消极地认为"我无法集中注意力。我无法安静待着。我生来就是这样的"。这种消极的自我认知一旦形成,孩子的行为就会成为自我认知的写照。孩子已经把自己定义成这样,因此他不会为了集中注意力去努力,也不会对自己抱有任何期待。所以,若想提升孩子的注意力水平,就要将孩子消极的自我认知转变为积极的自我认知。

有时候,即使父母没有强迫或控制孩子,孩子也会变得焦虑不安,这是因为受到了外部因素的影响。对孩子来说,除了父母,老师和朋友也是重要的环境因素,他们也可能成为压力的来源。比起父母说的话,有时候朋友说的话可能更致命。"你长得太丑了。你怎么什么都做不好?"对许多孩子来说,这样的话即便只听过一次,带来的伤害也会持续很久。更可怕的是,这样的话会让孩子产生消极的自我认知。压力会进一步发展成不安和抑郁,让孩子无论做什么都坐立难安,注意力下降,耐心不足,延迟满足的能力也会明显低于同龄人。

孩子必须树立这样的观念:"只要我下定决心,一定可以忍住。我可以管住自己的手脚不乱动。我可以认真听爸爸妈妈讲话不插嘴。"为此,孩子需要在现实生活中体验成功的经历。多积累几次成功的经历,孩子的心态就会发生积极的转变,并开始期待自己变得更加专注,更加自制。但是积极的自我认知并不是嘴上说出来的，而是需要经历和证据。孩子们难以理解自己未曾经历的事情，这就是为什么不管你用多么生动形象的语言去鼓励孩子都没有任何效果。因此，我们给予孩子支持和鼓励时要有理有据，言之有物。比如孩子正在一门心思玩耍，但却及时对父母的指令做出了回应，这时父母就可以给予他肯定和表扬。

"哇！谢谢你认真听妈妈（爸爸）讲话。原来你在玩的时候也能够认真听妈妈（爸爸）说话呀，你做得真棒！"

这种有理有据的赞扬可以帮助孩子形成"我很听话，我很棒"等积极的自我认知。

注意力不足的孩子只对瞬间的刺激产生反应，做事粗心大意，不注意细节，而且丢三落四，也不擅长收纳整理。在对话的时候，他们总是偏离主题，想到什么说什么。同时，由于注意力不集中，他们的作业完成情况也很差。接下来我希望父母可以和孩子一起走进游戏的世界，这些游戏不仅能够提升孩子的注意力水平，还能帮助孩子甩掉消极思想，重新树立健康的自我认知。

父母和孩子共同参与的注意力提升游戏

合适的游戏是培养注意力的有效方法之一。父母可以借助有趣的游戏,帮助孩子进行高水平的注意力训练。这些注意力提升游戏的效果非常显著,研究表明,有些注意力欠佳的孩子在开始学习前玩10分钟的注意力提升游戏,其集中注意力的能力增强了两三倍。这种成功的经历不仅能带给孩子满足感,而且能够培养孩子的自尊心与自我调节能力。只要我们坚持下去,就一定能收获令人惊讶的成果。现在就让我们一起来了解一下父母和孩子可以共同参与的注意力提升游戏吧。

人类大脑接收信息的典型方式有两种,分别是听觉和视觉。听觉注意力是人类倾听、理解和表达的关键因素,对识字较少的4~7岁孩子来说尤为重要。总而言之,倾听别人讲话的听觉注意力是学习力发展初期的核心要素。下面是孩子听觉注意力不足时的表现。

- 沉迷于某些事物的时候,喊他的名字也没有反应。
- 听不到对方说的话,只顾自说自话。
- 不听指挥,出现莫名其妙的行为。
- 经常忘记听到的话。
- 总是反复询问"你刚才说了什么?"
- 经常答非所问。

视觉注意力是指在众多的视觉刺激中选择必要的刺激集中注意力的能力。对学习来说,视觉注意力是非常重要的一项能力,因为看文字、图画或者事物并进行理解本身就是学习的过程。我们在考试时经常把会做的题目做错,这种情况大多都是由于视觉注意力出现了问题。

视觉注意力可以分为视觉辨别、空间关系、视觉统合、视觉运动协调能力等具体能力。视觉辨别是将一种事物与其他事物区分开来的能力,也可以看作是将文字、数字、图画等与其他信息区分开来的能力;空间关系是感知事物方位的能力;视觉统合是即便没有接收到完整的刺激也能对事物的整体有所把握的能力;视觉运动协调能力指的是将通过视觉确定的信息付诸实际行动的能力。虽然这样仔细划分看起来很复杂,但是我们无须将各种能力区分开来逐一进行练习,只需训练自己最薄弱的一种能力,其他能力也会因为相互作用而得到改善,所以不必过分担忧。

如果孩子存在视觉注意力不足的情况,那么他在画画、涂色、拼图、折纸、剪纸、系鞋带等事情上都会遇到困难。学习的时候,他在阅读、写作、计算方面也可能出现问题,因为他容易将相似的拼音、6和9、+和-等混淆。因此,如果孩子小时候没有培养好视觉注意力,等到真正开始学习的时候就会变得十分吃力。下面是孩子视觉注意力不足时的表现。

- 读错题干,做错题。
- 将文字或者数字认错。
- 要找的东西近在眼前却找不到。

- 已经伸出两个手指给他看，还是会追问一共有几个。
- 在规定的时间内无法完成阅读并掌握大意。
- 无法理解图画或者图表呈现的信息。

注意力散漫意味着孩子的注意力总是被分散，对于正在做的事情无法做到专心致志，总是会因其他不相干的事情而分神。但孩子的这种表现并非故意为之，且仅凭意志力是无法改变的。现在就让我们一起了解一下提升听觉注意力和视觉注意力的游戏吧，希望父母能和孩子一起享受愉快的游戏时光。

在玩游戏之前，我们必须要了解4~7岁孩子注意力集中的平均时长。研究表明，5岁孩子注意力集中的平均时长只有7分钟，7岁孩子也只有10分钟左右，小学低年级的孩子15~20分钟，小学高年级的孩子30分钟左右，初中以上的孩子注意力集中的平均时长能达到50分钟左右。很多家长由于不了解这个事实，总是觉得自己的孩子注意力不够集中。当然，研究给出的只是平均时长，由于父母的教育情况不同，孩子注意力集中的时长也会有所差异。

10种培养倾听能力的听觉注意力游戏

听觉注意力游戏① 数字的顺读与倒读

考虑到4~7岁孩子的认知水平，最好先从两个数开始。比如父母先说出3和5，让孩子按照顺序跟读，接下来再让孩子倒着说一下。如果孩子做得好，我们就要表扬他；即便孩子出现失误，我们也要一笑了之，并给予他鼓励。下面是在所有游戏中都可以使用的对话，希望父母可以记住并灵活运用。倘若双方能够以轻松愉快的语气完成对话，游戏基本就可以确保成功了。

> "哇！你做得太棒了。只要集中注意力，再难的事情也不是问题！3个数已经成功了，我们要不要试着挑战一下4个数呢？"
>
> "是不是没有想象中那么容易？这对妈妈（爸爸）来说也很难。让我们集中注意力再来一次。哇！你做到了，真了不起。这么难你都能成功，真棒！"

父母 3，5，按顺序说一遍。

孩子 3，5。

父母 倒着说一下试试。

孩子 5，3。

如果两个数做得很好，就提升难度挑战3个数或者4个数。孩子在玩这个游戏的时候，不光需要集中注意力去听父母说了什么，在倒着说的环节还需要认真地思考和回想，因此这个游戏不仅能够提高听觉注意力，而且对认知能力的发展也有很大的帮助。儿童智力测试也包含这项内容，可以说这是一种效果非常显著的游戏。

听觉注意力游戏② 词语的顺读与倒读

这个游戏与前面的游戏十分相似。词语跟读非常容易,因此可以直接倒着说。

- **两个字:** 纸片 → 片纸,狮子 → 子狮,餐桌 → 桌餐,玫瑰 → 瑰玫……
- **三个字:** 冰激凌 → 凌激冰,幼儿园 → 园儿幼,长颈鹿 → 鹿颈长……
- **四个字:** 海鲜比萨 → 萨比鲜海,苹果布丁 → 丁布果苹,羽毛球拍 → 拍球毛羽……

按照这样的方式玩游戏,即便出错也无所谓,连续出现失误也没有关系。重要的是在这个过程中,孩子可以一边开心地玩,一边保持注意力集中。

听觉注意力游戏③ 歌曲的倒序演唱

前面两个游戏的升级版就是歌曲的倒序演唱。这个游戏非常具有挑战性,不过对听觉注意力的提升确实很有帮助。

首先按照正确的歌词顺序唱一遍儿歌,然后将每句歌词中的词组都分别颠倒顺序再唱一遍。在这个过程中,孩子会保持注意力高度集中,而且每次出错都能引发笑语连连,整个游戏过程会非常愉快。在玩这个游戏的时候,孩子还会不由自主地产生想要成功的欲望,因此会变得越来越认真。希望父母也能够积极参与进来,与孩子一起享受快乐的时光。

- 叮叮当，叮叮当，铃儿响叮当 → 当叮叮，当叮叮，儿铃当叮响

- 一闪 一闪 亮晶晶，满天 都是 小星星 → 闪一 闪一 晶晶亮，天满 是都 星星小

听觉注意力游戏④ 市场里面有什么

"市场里面有什么"是一个简单好玩的游戏，游戏参与者需要先认真听前面的参与者说了什么，然后再补充一个新事物，因此这个游戏对训练听觉注意力和记忆力都非常有效。

市场里面有什么？

- 市场里面有苹果。
- 市场里面有苹果，有香肠。
- 市场里面有苹果，有香肠，有面条……

同理，我们还可以玩一玩"教室里面有什么"，也就是轮流说出之前的人没有说过的教室里的物品。此外，还有一些其他类似的游戏，例如"I Am Ground"，也就是我们常说的"萝卜蹲"等动作接龙类游戏。其中，动作和口令可以灵活改变。比如，"I Am Ground 水果"，游戏规则就是每个人选择一种水果作为自己的名字，大家的名字要互不相同。当一个人喊出"苹果3"时，名为"苹果"的玩家就要喊三遍苹果，"苹果、苹果、苹果"，然后再喊出接下来的口令，如"香蕉5""西瓜2"等，依此类推。参与者要全程随着节奏做拍手动作，如果中途

喊错水果或者没有跟上节拍，就视为淘汰。玩这种游戏时，孩子既要集中注意力仔细听，又要配合节奏拍手，因此能够有效锻炼其听觉运动协调能力。此外，孩子还要在心中想好下一个人的水果名称。可以说这是一种非常开动脑筋的游戏。

听觉注意力游戏⑤ 小小会计师

　　这个游戏的玩法也很简单，父母说出数字，然后孩子在计算器上把听到的数字按出来。虽然这个游戏听起来很容易，但是听觉注意力不足的孩子却经常出错。父母可以按照2位数、3位数的顺序慢慢提升游戏的难度。等到孩子熟悉以后，我们可以尝试做加法运算。孩子不需要亲自计算，因为这是听力训练，即便孩子不知道什么是加法，通过按计算器也能轻松完成3位数的加法运算。如果父母提前准备好题目和正确答案，就能在孩子得出结果的第一时间确认是否正确，每次成功都能给孩子带来成就感。如果失败的话，我们就鼓励孩子继续尝试，直到成功为止。

听觉注意力游戏⑥ 鼻子-鼻子-鼻子-鼻子-○

　　"鼻子-鼻子-鼻子-鼻子-○"游戏的玩法也很简单，一个参与者随着韵律一边喊4次"鼻子、鼻子、鼻子、鼻子"一边用手指指向鼻子，在第5次喊出另一部位（如眼睛）时，手指要指向不同于此部位的其他部位（如耳朵、嘴巴等）；另一个参与者则要忽视此人的动作误导，仅根据其所喊内容指向自己的相应部位。由此可见，玩这个游戏不是靠眼睛看，而是靠耳朵听。这个游戏可以让孩子主动屏蔽周围的视觉刺激,集中锻炼听觉注意力。如果想锻炼视觉注意力,也可以将这个游戏反过来玩,即不要管对方说什么,只需看见什么就跟着做什么。对大部分孩子来说,看到之后跟着做的游戏方式更容易。不过孩子们缺乏的注意力种类不同,因此游戏的具体情况也各不相同。父母要根据孩子的具体情况选择游戏,帮助孩子有效改善注意力。

"鼻子-鼻子-鼻子-鼻子-○"游戏也可以拓展为用手比画数字的游戏。游戏规则是第一个参与者拍3个节拍,然后喊出一个数字并且同时用手比画出一个数字,两个数字要互不相同。第二个参与者则要用手比画出前者所喊数字,同时再喊出一个其他数字,依此类推。这个游戏虽然难度比较高,但是孩子熟悉以后也可以做得很好。

听觉注意力游戏⑦ 特定文字拍拍手

这是一种在唱歌时遇到特定文字就拍手的游戏。父母可以先和孩子约定好规则,比如在唱《铃儿响叮当》时只要出现"响"字就拍手,那么在开始唱歌时,孩子的注意力就会非常集中,这对提升孩子的听觉运动协调能力很有帮助。等孩子熟练之后,也可以增加难度,选择2~3个字作为特定文字,并为每个字都设置不同的动作。

听觉注意力游戏⑧ 括号里面填什么

这个游戏是父母在给孩子讲故事的过程中,遇到特定词语的时候跳过去不读，然后让孩子把最适合填入空白处的词语找出来。关于这个词语的字数，父母可以给孩子提示，让孩子一边理解故事一边锻炼听力。例如，父母在给孩子讲《金斧头银斧头》这个故事时，可以这样说："樵夫不小心将（　　）掉进河里去了。"然后让孩子猜一猜没有读出来的部分是哪个词语。这样一来，孩子既需要仔细听问题，又需要认真思考，在理解整个故事内容的基础上还要考虑前后文，判断填入的词语是否合适，因此这个游戏不仅可以帮助孩子提高听觉注意力，还能有效提升孩子的思考能力和理解能力。

听觉注意力游戏⑨　寻找错别字

这个游戏是为已经识字的孩子准备的。父母在给孩子读书的时候，可以故意把字读错，然后让孩子把读错的字找出来。如果将一篇简短的寓言打印出来，让孩子直接用彩色铅笔把读错的字圈出来，游戏就会变得更加有趣。实际上，寻找错别字游戏要比想象中难得多，因为孩子在仔细听故事的同时还要分辨发音相似或笔画相近的文字，这不仅有助于提升孩子的听觉注意力，而且能帮助孩子更好地辨别错别字。如果孩子平时就有读错或写错文字的习惯，根本找不出父母的朗读错误，那么父母可以作为寻找方先行示范一遍，以消除孩子的挫败感等负面情绪。

听觉注意力游戏⑩　蓝旗红旗

因为在分组的时候，人们习惯把队伍分成蓝队和红队，所以这个游戏叫"蓝旗红旗"。当然，使用其他颜色也是可以的。找两根树枝贴上彩纸，制作两面颜色不同的旗子。使用红纸制作的旗子就叫红旗，使用蓝纸制作的旗子就叫蓝旗。孩子每只手拿一面旗子，按照父母的指令做出相应的动作。

"升起红旗。降下蓝旗。升起蓝旗。降下红旗。"

父母可以根据孩子的执行情况，适当调整发号施令的速度。这样孩子会对指令听得更加用心，从而锻炼听觉注意力。另外，也可以让孩子发号施令，这样既能增加游戏的趣味性，又能提升其思考能力。

10 种培养观察能力的视觉注意力游戏

视觉注意力游戏① 超级小侦探

这是一种在众多不同的图画中，找出与所给提示线索完全相符的图画的游戏。可以鼓励孩子在寻找答案之前先将线索一一记在心里，这样不仅能够提升他的视觉注意力，也能锻炼其记忆力。

视觉注意力游戏② 图画捉迷藏

这个游戏是寻找隐藏在图画中的某个物体。先弄清楚物体的特征，然后将隐藏在图画中的物体找出来。这个过程有助于培养孩子的视觉注意力和观察能力。

视觉注意力游戏③ 找不同

这个游戏是寻找两幅相似图画的不同之处。游戏规则非常简单，参与者在限定时间内，以最快的速度找出两图的几个不同之处。这个游戏主要考察孩子细致入微的观察能力。

前面介绍的这3种视觉注意力游戏，我们在书店里可以轻松找到相关绘本。这些游戏能够帮助孩子强化只对必要刺激保持关注的集中性注意力，抑制干扰刺激、只关注一项课题的选择性注意力，以及对一项课题保持持续关注的持续性注意力。如果设置时间限制，游戏会变得更加有趣，这对培养孩子瞬间集中注意力的能力很有帮助。父母只要带着孩子每天坚持玩5~10分钟游戏，就能获得令人吃惊的效果。

视觉注意力游戏④ 一起来找茬

这个游戏也是儿童智力测试中的一项。医生会向孩子展示各种事物的图片，让他把其中不合乎常理的部分找出来。通过这个游戏，我们不仅可以了解孩子的视觉辨别能力，还可以检测孩子的观察力、专注力、推理能力和视觉组织能力等。但是，与"图画捉迷藏"相比，这个游戏可使用的素材并没有那么多。因此，我们可以使用绘图软件将一些正常的图画进行处理后打印出来，例如熄灭夜晚明亮房间里的烛火、消除四角方桌的一条桌腿、擦掉人物衣服上原本规则排列的一颗纽扣等。如果孩子找到了图片中不合理的部分，还可以把游戏进一步拓展，让其说出不合理的原因和修正的方法。

"你是怎么发现这里不合常理的？"
"真了不起。这是个不错的思路。"

父母可以多多使用这样的对话，鼓励孩子独自完成游戏。

视觉注意力游戏⑤ 闯迷宫

闯迷宫是一款十分受孩子喜爱的游戏。躲开死胡同，找到逃离之路可以带给孩子们成就感。在迷宫里寻找出路的过程能够锻炼孩子的推理能力与视觉运动协调能力，与此同时，孩子的策划能力也能得到锻炼。如果孩子对迷宫游戏已经十分熟悉，可以为游戏设置一个时间限制，以增加游戏的难度和趣味性。

如果孩子总是不按规则乱走，父母就应该让他停下来，重新为他讲解游戏规则。可以先让他找出一定区域内的路线，然后再用铅笔画出来，接着再找出相邻区域的路线，然后再画出来。孩子以这样的方式探索前进，能够有效提升视觉注意力。

视觉注意力游戏⑥ 益智拼图

拼图游戏是一种非常流行的游戏，它不仅可以提升孩子的视觉注意力，而且对提高孩子的观察力和持续性注意力也有一定的帮助。除此之外，拼图游戏还能培养孩子通过局部推及整体的能力、视觉运动协调能力和空间想象力。拼图可以分为有拼板的拼图与没有拼板的拼图。有拼板的拼图虽然拼起来容易，但是孩子在拼图过程中可能只会按照拼图碎片本身的形状来完成拼图，根本不会去关注拼图碎片上的图案，所以最好使用没有拼板的拼图，这样效果会更好。

刚开始的时候不要选择难度太大的拼图，最好是选择孩子花费10~20分钟就可以完成的难度。每个人玩拼图的水平各不相同，没玩过拼图的孩子即便拼只有20块的拼图也会觉得很吃力，经常玩拼图且专注力好的孩子完成100块的拼图也不在话下。不管是哪种情况，只要选择适合孩子能力水平的拼图进行游戏就可以了。完成拼图之后拍照留念，然后继续挑战下一个拼图。如果孩子们喜欢，也可以反复玩同一个拼图。

父母还可以将孩子的画作、日历、杂志等裁剪成一定数量、大小适中的碎片，制作成拼图。当父母带孩子外出的时候，如果孩子觉得无聊，手边又没有玩具，就可以使用这个方法。

视觉注意力游戏⑦ 照镜子

这个游戏的玩法是两个人面对面，一个人扮演照镜子的人，另一个人扮演镜子里的像，扮演像的人要模仿照镜子的人做出的表情和动作。刚开始的时候，最好从抬胳膊、伸腿这样的大动作开始，慢慢过渡到改变面部表情这样的细微动作，比如做出闭一只眼、嘟嘴、摸头发、皱眉头、笑和哭等有趣的动作和表情，逐渐提高游戏的难度。因为镜子的成像是左右相反的，孩子在游戏中观察对方的变化并进行模仿，既可以锻炼视觉注意力，又能获得情绪上的满足感。

视觉注意力游戏⑧ 检索大师

这是一个在家中检索具备某种特定属性的物品的游戏。谁找到的物品数量多，谁就是赢家。属性可以是颜色、形状、材质等。准备一张纸和一支笔，参与者每发现一种符合条件的物品，就在纸上写下物品的名字，也可以画出来或者使用符号代替。这个游戏可以让孩子仔细观察那些他平时不甚留意的物品，有助于他养成认真观察环境的好习惯。

视觉注意力游戏⑨ 寻找消失的物品

父母先在孩子面前摆放钥匙、玩具汽车、铅笔、直尺、橡皮、护手霜、袜子、手绢、发卡等若干不同的物品，让孩子认真观察一会儿，然后让他闭上眼睛，父母把其中的某件物品藏起来，最后让孩子睁开眼观察，看看消失的物品是什么。

> "你仔细看看这几件物品。当你把眼睛闭上时，其中的一件物品就会消失。然后你猜一猜不见的物品是什么。你有60秒的时间，也就是秒针转一圈的时间来观察这些东西。开始！"

等到孩子六七岁的时候，可以将这个游戏变换一下形式。先向孩子展示几件物品，然后把所有物品遮挡起来，让孩子说出这些物品的名称。刚开始的时候孩子可能记不全，但是随着孩子的观察力和注意力逐渐提升，他的记忆力也会变得越来越好。

视觉注意力游戏⑩ 分门别类

这是一个将彩色积木进行分类的游戏。彩色积木有各种不同的颜色和形状，考虑到孩子年纪尚幼，可以先让他根据一个条件对积木进行分类，比如说根据颜色进行分类，或者根据形状进行分类等。如果这种方式对孩子来说过于简单，我们就可以同时提出两个条件，比如将红色的圆形积木找出来，或者将蓝色的三角形积木找出来等。除了使用积木，也可以将彩纸裁剪成不同的形状进行游戏。

刚开始玩这个游戏的时候，我们一般使用积木等已有的玩具，等到孩子熟悉了游戏的玩法，就可以把游戏对象拓展至我们日常生活中常见的事物。比如，将蔬菜根据颜色进行分类，或者根据根菜类蔬菜、叶菜类蔬菜、果菜类蔬菜等标准进行分类，游戏的内容可以随意拓展。这种升级版的游戏不仅可以提高孩子的视觉注意力，还能加深孩子对事物属性的理解。

Part 4

帮助孩子成长的第三把魔法钥匙：自我调节能力

STEP 01 没有自我调节能力就无法学习

孩子在 4~7 岁时的变化

- 当孩子不想学习的时候,他自己能调整心态,重新集中注意力吗?
- 当孩子不想学习的时候,父母能帮助他调整心态,让他集中注意力吗?

4~7岁的孩子无法调整自己的心态,无法集中注意力学习,这很正常,因为他们还没有掌握调整心态的方法。这就需要父母去指导和教授他们这些方法。如何帮助厌恶学习的孩子调整心态,完成今天的学习任务呢?你知道方法吗?

遗憾的是,大部分父母除了威逼利诱,对此束手无策。在这样的情况下,贸然教孩子学习数学和语文等科目,很可能会导致他讨厌学习。如果我们希望自己的孩子能够养成终身学习的好习惯，就要为他准备好学习必备的"心智工具"。

父母的育儿理念、教养方式，以及孩子在成长过程中的经历会决定孩子未来的情况，但是父母却常常因一时的欲望和愤怒而错失了有效的育儿方式。孩子从四五岁的时候开始学习，等到7岁的时候会是什么情况呢？让我们在对比中认真思考，想一想在教育儿童的过程中最应该关注哪些事情。

<5岁的静娴>

- **情绪**

  她的个性很开朗，喜欢开玩笑。她喜欢听幼儿园老师讲故事，也喜欢跟朋友们一起玩耍。但是如果朋友不听她的话，她就会生气地大喊"我讨厌你"；如果有人对她说"不行"，她就会哭鼻子。每次她生气，父母都要花很长时间才能安抚好她。

- **学习态度**

  她说想学弹钢琴，于是父母给她报了钢琴课。上课的时候，她不按照老师的要求弹，而是乱弹一气，导致教学无法正常进行。在解答问题时，简单的问题她都能解答得很好，可是只要她觉得稍微难一点儿，立马就说"我不想做了"。如果美术老师让大家按要求画画，她就会很厌烦，因为她喜欢随心所欲地画画。

• **父母的育儿观**

静娴刚出生不久,妈妈就开始给她读书,努力把她培养成一个热爱读书的孩子。妈妈认为孩子应该适当地提前开始学习语文和数学,所以她准备在静娴6岁的时候购买正式的教材。爸爸则认为孩子上学后自然就能学会基础知识,所以没有必要让她提前学习。虽然他也十分赞成妻子给孩子读书,但是要他给孩子读书,他却做不到。他认为称赞和鼓励才是最好的教育方式,因此即便静娴犯错,他也不会严厉地训斥她。因为他总是给孩子看视频,所以妻子经常说他。他觉得妻子的过度管制会导致孩子的性格变差。

5岁的静娴与同龄的孩子相比,并没有显著的差异。她平时玩得很开心,朋友们也非常喜欢她。虽然她的想法有些消极,不顺心的时候经常哭鼻子或者发脾气,平复心情需要花费一些时间,但是很难把她归类为我们印象中的那种问题儿童。未来,父母的育儿观念不会发生大的改变,教育方式也基本会维持现状。受其影响,孩子肯定会在某些方面越变越好,但也会在某些方面出现更为消极的转变。与此同时,潜在的因素也可能会慢慢浮现,从而引发新的问题。让我们一起看一下5岁时展现出这种面貌的静娴到了7岁会是什么样子吧。我们需要重点关注她的情绪和认知的发展程度、为学习奠定基础的背景知识和隐性知识的积累程度,以及她的注意力和自我调节能力的水平。

<7岁的静娴>

- **情绪**

她依然开朗爱笑,喜欢开玩笑。她虽然没有之前那么爱哭,但是和过去一样,一遇到困难就选择逃避,在妈妈面前胡搅蛮缠的情况有所增加。妈妈在学校开放日去教室参观,发现她的学习态度很消极,上课一直东张西望,不听老师的指示。做手工时,看到旁边的同学已经动手了,她才勉强开始跟着做。妈妈怀疑她是不是存在注意力不足的问题。

- **学习态度**

老师上门给她补习语文和数学,但是她只想跟老师一起玩,根本不想学习。妈妈给她报了英语课外补习班,她勉强同意去,不过一说到要增加课程,她立刻表现出厌恶的情绪。和过去一样,妈妈每天都会给她读30分钟的书,她每天还要听15分钟的英语童话故事。这些学习时间都是固定的,她迫不得已只能配合,但是每次学习的时候,她都唉声叹气。钢琴课也在照常进行,但是她总是抱怨不想练琴,更不想去上课。

- **父母的育儿观**

对于训斥孩子这件事,爸爸的态度发生了转变。过去妈妈教训孩子的时候,爸爸总是阻拦,如今孩子胡搅蛮缠或者做错事情的时候,他会突然变得不耐烦,大声质问孩子:"这么简单的事情,你为什么不会做?"或者拿孩子与小时候的自己作比较,然后大发雷霆。当妈妈劝阻他不要这样时,他会说如果自己不发火,这种令人恼火的情况还会反复出现。

因为孩子讨厌学习的态度没有好转,所以妈妈更担心了。看到周围的孩子个个聪明伶俐,妈妈心急如焚,觉得自己的孩子已经落后,越来越感到焦虑不安。虽然她更加用心地了解各种教育资讯,但却完全不知道应该做些什么。

静娴妈妈每天坚持给孩子读书,由此我们可以推断出静娴的背景知识已经相当丰富,但是来自各种生活经历的隐性知识似乎并不充足。妈妈在教育孩子的时候,完全没有考虑她的兴趣爱好,所以对孩子来说,学习成为一种枯燥无聊的任务。无论是语文、数学,还是英语,孩子都没有表现出足够的学习兴趣和热情,反而表现出烦躁的情绪。她没有学会如何调节自己的情绪,也没有学会如何表达自己的感受。在这样的情况下,我们不能说孩子的注意力和学习力得到了良好的发展。

:为了未来的学习生涯,孩子在 4~7 岁时应该做的准备

从 4 岁到 7 岁,孩子在这几年之间的成长和变化可能并不是那么喜人,有些孩子的情绪问题越来越严重,有些孩子的学习态度日益消极,有些孩子只要稍稍提升一下自己的热情和好奇心,就能把学习这件事做好,可事实上却总也做不到……如果你的孩子正在经历这样的变化,那学习对他来说还有什么意义呢?

喜欢学习,觉得学习很有趣,即便再苦再累也能坚持下去,这样的学习态度是在孩子 4~7 的时候形成的。为此,孩子需要

在心理和精神层面做好3项准备：知识、注意力和自我调节能力。前文中提到的静娴在4~7岁的时候只具备了一定的背景知识，而且从来没有接受过有关注意力和自我调节能力的训练。对静娴来说，在这种情况下开始学习，学习只会是一个需要忍受和克服的艰难任务。更加可悲的是，她的学习生涯还要持续近20年。如果她在4~7岁的时候就如此对待学习，那么在未来的日子里她的学习之路会如何发展，恐怕这个结果我们不难预测。

现在就让我们重新审视一下，现阶段的孩子到底应该做哪些准备。虽然孩子可以通过学习语文、数学和英语获得一些新知识，但却无法弥补心理层面的缺失。这些缺失会对孩子未来的学习生涯造成怎样致命的影响，我们在前面已经解释得很清楚了。尽管如此，如果父母的固有观念太强，或者无法平复内心的焦虑不安，总是将自己的孩子与别人家的孩子做比较，那么我只能遗憾地告诉你，你的孩子将会与优异的学习能力渐行渐远，未来的学习生涯必然会十分艰辛。

父母都希望把子女培养成学习好的孩子，即便是口口声声说着"学习不好也没关系"的父母，在他们的内心深处也希望孩子能成为某个领域的佼佼者，这就是父母眼中的"学习好"。所以，与其说我们要培养学习好的孩子，不如说要培养孩子好的学习力，这样的表达似乎更加恰当。

4~7岁的孩子尚且年幼，还处于学习的起步阶段。"学习真有趣，我完全可以做得更好。学习让我感到内心充实，心情也会变得更好。"孩子只有产生了这样的想法，才能培养出优异的学习力。另外，孩子还需要有坚强的意志力和忍耐力，这样即使身心疲劳也能够坚持学习。如果具备丰富的综合知识和良好的注意力，再加上出众的自我调节能力，孩子就可以在未来的学习之路上大放异彩。我希望所有父母再接再厉，就像全力以赴走到今天一样，在今后也能以正确的方式帮助孩子茁壮成长。

现阶段孩子所需要的正是自我调节能力

自我调节能力是指为了达成目标而自行设定策略，并克服外部阻碍因素，调节自己的情绪和心理动机的能力。苏联心理学家列夫·维果茨基认为，自我调节能力是孩子用语言表达自己的目标，将注意力集中于该目标上，计划并组织一系列行为来维持内在动机的能力。换句话说，自我调节能力就是根据情况改变自己的情感和需求，以适应世界的能力。自我调节能力出众的孩子会持续学习和进步，直至青少年时期。那么这样的孩子在4~7岁的时候有什么表现呢？

一个孩子正在画画，但是身边的朋友建议他跟自己一起去玩球。这个孩子想了一会儿说道：

> "我想画完这幅画之后再跟你一起玩球。你能不能等我一会儿？你先自己玩点儿别的，好吗？"

这个孩子为了完成画画的目标，适当地调整了周围的情况，让朋友等待一会儿或者先玩别的游戏。当然，在说出这句话之前，他经历了自我矛盾和自我挣扎的过程。他想实现自己画画的目标，但是周围出现了干扰因素，而且这个干扰因素他并不讨厌，反而有些心动。然而他没有因此而动摇原来的目标，而是想出了两件事都能兼顾的方法。在完成绘画之前要求朋友等待，这便是孩子认真思考后做出的决策。由此，我们可以得出以下结论：

- 首先，自我调节是一个设定目标，且为了达成该目标而制订策略并执行策略的动态过程。
- 其次，自我调节可以控制情感反应，而情感反应会直接决定一个人的思想决策。

因此，自我调节能力不仅包括调节情感和思想，从而使自身开始或停止某种行为，还包括调整行为和心态以适应各种社会环境。拥有这种能力的孩子可以为了实现自己的目标延迟满足，即便不存在其他外部刺激，也能自发形成稳定的行动能力。自我调节能力之所以重要，是因为它既是孩子提升认知能力的主要因素，也是孩子在学业和社会关系中取得成功的必备能力。

学者们把自我调节能力的构成要素大致分为4种，分别是认知调节、情绪调节、行为调节和动机调节，它们涵盖了调节内心情感、明确内心想法、把想法付诸行动和进行评价的整个过程。因此，拥有自我调节能力的孩子在学习中能够及时调节自己的负面情绪，明确学习目的，增强学习动机，选择有效的学习方法，并将这些方法付诸行动。通过分析我们发现，如果孩子缺乏自我调节能力，那么他的认知、情绪和行为发展都将面临困难。

父母在为孩子的学习做准备时，比起思考使用哪些教材、运用哪种方法，更应该认真关注和思考一下孩子的自我调节能力。在孩子们正式开始学习之前，让我们一起来了解一下如何培养他们的自我调节能力吧。

STEP 02 自我调节能力所蕴含的力量

∶ 自我调节能力与大脑发育之间的关系

每次我在解释大脑功能的时候,总是感到担忧,因为用来解释说明的词语一般都很晦涩难懂。大脑的功能是左右孩子情绪、决定孩子行为的关键因素,我常常苦恼于如何将这个事实解释得清楚明白。让我们稍微关注一下大脑的发育规律吧,因为这些规律对于我们培养孩子的情绪和心态有很大的帮助。

脑科学家们强调,如果希望孩子的自我调节能力出众,在孩子出生后的 36 个月之内,一定要保证他的眶额皮层(OFC, Orbitofrontal Cortex)发达,从而在感觉、情感和理性之间形成稳定的连接回路。可以说,眶额皮层的发达程度决定了孩子自我调节能力的发展水平。眶额皮层位于参与决策认知处理的大脑额叶下侧和眼部的后侧,这个部位受损伤的人会出现情绪障碍,经常做出社会普遍无法接受的异常行为,除情绪不稳定、性格多变以外，其发生其他障碍的概率也会增高。

因此我们要想方设法让孩子的眶额皮层发育得更好。因为这是肉眼看不到的地方，所以很容易被忽视。我们首先应该了解一下，如果父母在孩子4~7岁的时候，没有在这方面给予他适当的帮助会发生什么。了解这件事并没有什么难度，我们只需要看一下这部分功能没有得到良好发育的青少年最终面临怎样的心理问题就可以了。作为父母，大家都会尽心尽力去培养自己的孩子，但不幸的是，以错误的方式努力培养最终只会毁掉孩子。与4~7岁孩子的父母相比，大部分青少年的父母的苦恼和困惑简直严重到难以言喻。我们一起来看一下。

- 儿子今年11岁，沉迷于游戏和短视频，我很难管控他玩游戏、看视频的时间。他只喜欢充满刺激性的事物，尤其喜欢打游戏。我一直在劝诫和教导他，但是收效甚微。
- 孩子在上网课的时候经常看网上的视频，为此我经常和他发生矛盾。如果我陪在他身边，他就会抱怨说我监视他，但是如果我对他放任不管，又担心他会一直这么散漫下去。
- 孩子大半夜蒙着被子偷偷打游戏，我该怎么办才好？
- 应该如何管理中学生玩手机的行为呢？我安装了管理软件，但是被孩子卸载了。他偷偷玩手机的时间越来越长，我该如何是好？
- 上中学的孩子玩游戏的时候经常大发雷霆，有时候甚至还口吐脏话，拍桌子。我现在都对他感到有些害怕了。

- 现在孩子只要放学回家就捧着手机不撒手，所有补习班都不去了，学习也基本处于放弃的状态，每天早上他都因不想去上学而发脾气。我到底应该怎么办呢？

这些都是父母的真实心声，绝不是危言耸听。在本该活力四射、健康快乐的青春期，孩子们却是这副模样，着实令人惋惜。可冰冻三尺非一日之寒，孩子之所以会变成这样，是因为日积月累的精神和心理问题此时爆发出来，而最根本的原因则是孩子的自我调节能力有所欠缺。因为自我调节能力不成熟，孩子会产生冲动的追求，沉迷于感官快乐，一味地逃避现实，或者会因为"不管如何努力都无济于事"的痛苦和绝望而失去热情和动力。

孩子进入青春期之后，被称为"快乐中枢"的大脑伏隔核快速发育，加之大脑的自我调节中枢发育不完全，因此孩子更容易沉迷于感官刺激。可是很多父母却认为这是孩子的意志不够坚强所致，并反复逼迫孩子改正。我们需要知道，导致这一切的根本原因是孩子的自我调节能力有所欠缺，而非懒惰或意志力不足。

不了解大脑科学就很难理解人类的思想和行为发展特点，而想要全面理解尚处于发育期的孩子更是难上加难。用努力至上的观点解释大部分不理想的结果，将所有错误都归咎于个人的努力不足，这就是我们的社会文化。在这样的社会文化里，想要让父母理解孩子谈何容易。

自我调节能力的发展并不是单纯的心理问题，而是和大脑的自我调节中枢，即眶额皮层的发育息息相关。4~7岁的孩子正处于人生的起步阶段，父母从此时开始以脑科学知识为基础，培养孩子的自我调节能力，可谓正当其时。

培养自我调节能力的方法：依赖与信任，界限与控制

培养自我调节能力的第一种方法是依赖与信任。一般人认为，为了使大脑的某个特定区域更加发达，我们似乎应该使用一些尖端技术，但出乎意料的是，大脑的发育是从能够给孩子带来依赖和信任感的亲子互动开始的。在孩子情绪稳定的前提下，父母与孩子带着微笑对视，愉快地进行互动，这就是培养孩子的自我调节能力的第一步。能够让孩子感受到爱意的情感互动竟然有助于大脑的发育，这真是一件神奇的事情。

其实原理也很简单。人的感性脑和理性脑是密切相关的，情绪稳定的人可以从外部刺激中获取新信息来帮助大脑发育。相反，基本情绪结构不稳定的人会因难以自我调节而产生情绪压力，而压力激素会导致其冲动行为的加剧。因为孩子们的感性脑比理性脑发育得更快，所以他们很容易形成错误的观念和产生不合理的诉求。最典型的一种表现就是孩子坚信"只要哭闹耍赖就可以达到目的"。如果我们不及时制止这种行为，孩子的情绪就会越来越失控。

培养自我调节能力的第二种方法是在孩子不成熟的表现愈演愈烈之时，设定行为界限并进行控制。孩子的行为都是出自

本能，只想吃美味的食物，只想做有趣的事情，拒绝做无聊或辛苦的事情。见人打招呼、规规矩矩地吃饭、收拾玩具、洗脸刷牙，甚至是穿衣服，这些事情孩子都很抗拒。父母在教孩子这些事情的同时，必须让其明白该做的事情必须得做，不能做的事情没有商量的余地，对此父母必须严格控制和管理。

设定行为界限，让孩子保持警觉并对其行为进行管控并非易事。与之相比，父母反而会觉得建立依赖关系，获取信任感更容易。无法遂愿的孩子只要号啕大哭以示抗议，心软的父母就会一次又一次地满足孩子的愿望，任由孩子"摆布"。殊不知这样一来，孩子却离培养自我调节能力的目标又远了一步。

孩子只有拥有良好的自我调节能力，才能培养出优秀的学习力。而且，孩子一旦拥有良好的自我调节能力，道德感也会随之提升，还会在社会关系里发展出良好的共情能力和沟通能力。但是很多父母看到别人的孩子不仅能识字，还会算加减法，甚至能用英语对话，嫉妒和焦虑的情绪便会油然而生。各种儿童教育机构铺天盖地的营销广告正是抓住了父母的这种心理，不断地贩卖焦虑。这些都让父母只看到了认知教育的重要性，而忽视了对孩子精神层面至关重要的自我调节能力的培养。这种看不清本质、被各种诱惑所左右的行为是不可取的。

实际上，自我调节能力强的孩子即便眼下在认知方面没有突出表现，父母也完全不用担忧。面对困难的作业，他也会烦躁，但是他会思考如何才能完成这项作业，判断哪种方法更有效，如果还是没有解决，他会求助父母或者老师。这就是自我调节能力发挥的作用。培养孩子的自我调节能力，要比要求孩子每天做 5 套数学题、背 10 个英语单词重要百倍。当然，如果孩子的自我调节能力出众，他会找到适合自己的学习方法进行自主学习，这是不言自明的事实。

你希望自己的孩子以何种面貌长大呢？如果你只为了眼前的成绩去强迫孩子学习，那么他又能遵从你的意愿学到几岁呢？坦率地说，这样的做法只会加快孩子放弃学习的脚步。

自我调节能力与学习之间的关系

现在让我们来了解一下自我调节能力和学习的关系吧。如今的父母还对自己上学时的那套理论深信不疑，认为只要认真听老师讲课，多学多练就能把学习搞好。然而，现实绝非如此。自我调节能力差的孩子很难集中注意力，上课的时候，他会被周围环境的刺激牵着鼻子走，一会儿看看这儿，一会儿瞧瞧那儿，怎么可能把注意力放在学习上呢？如果老师说一句"大家集中注意力"就能让孩子集中精力，那该有多好。如果这是动动嘴皮子就能解决的事情，我们又何必如此苦恼呢？

这次让我们站在孩子的角度想一想。孩子向窗外望去，蔚蓝的天空一望无际，白色的云朵形状各异，让人浮想联翩。离开教室到外面尽情玩耍的想法立刻充斥着孩子的内心，于是孩子越看书越心烦。这个孩子无法集中注意力学习的原因是什么呢？从表面上看是他对外部刺激带来的诱惑缺乏调节能力，但是更加本质的原因是他对正在讲授的这门课程缺乏兴趣，缺乏学好功课的学习自信心和学习动机。激发学习兴趣，培养学习自信心和学习动机需要从当下获得成功的经历开始，因此为了解决这一根本性问题，我们需要切断外部刺激，调动孩子的选择性注意力，而动用选择性注意力的力量正是来自孩子的自我调节能力。

父母在引导4~7岁的孩子开启学习生涯之前，应该首先了解一下自我调节能力对孩子的情绪和认知发展，以及学习能力有何作用和影响。父母还需要明白，孩子抗拒学习不单单是其意志力和努力程度的问题，也是其自我调节能力发育不完全的问题。现在就让我们认真了解一下自我调节能力对孩子的学习力究竟有何影响，怎么做才能使孩子的自我调节能力得到良好的发展，以及在诸多非认知能力中为什么自我调节能力尤为重要。

20世纪80年代，美国纽约市立大学心理学教授拜瑞·利莫曼（Barry J. Zimmerman）和同事们经过研究，得出以下结论：所谓自我调节能力是指抑制冲动、延迟满足、抵抗诱惑及忍受挫折的能力，还可以解释为在复杂多变的社会状况下，以高适应性、高灵活度的方式应对外部刺激的自我性行为。特别是对4~7岁的孩子来说，自我调节能力是对其社会性的发展和学业成就产生重大影响的因素，也是这一时期的孩子必须重点培养的能力。如果自我调节能力出现问题，4~7岁的孩子就会出现过度活动、行为冲动的表现，在人际关系上也会遇到困难。下面就让我们一起来看看学者们的研究成果，了解一下在不同的成长阶段，孩子的自我调节能力应该处于什么水平。

学龄前儿童自我调节能力的发展阶段[①]

年龄	自我调节的发展机制
0~3个月	神经生理调节阶段。在这一阶段,幼儿通过基础的吮手等一系列组织化、精细化的反射性行为来实现自我安慰和满足。同时,这些行为也保护着幼儿免受过强刺激的伤害。
4~9个月	感觉运动调节阶段。在这一阶段,幼儿开始出现一些主动意识的运动,可以对环境中的刺激做出适应性回应,并能根据环境的变化持续地改变自我行为。
10~12个月	外部控制阶段。在这一阶段,幼儿可以区分对方行为和自我行为,并能够使自己的行为遵循对方的要求。此外,也会出现早期的自我意识和自我概念,这些均是培养自我调节能力的基础。
13~24个月	自我控制阶段。在这一阶段,幼儿开始具备自我控制能力,他们可以充分意识到自我行为与自我存在,也可以理解抚养人的要求。虽然此阶段的自我控制能力开始发育,但是自我反省能力还尚不成熟。
25~36个月	自我调节阶段。在这一阶段,幼儿开始具备回想能力与意象思维能力,可以进行内向思考。同时,也会将外部环境对自我行为的刺激或反应内化于心,并由此逐渐形成自我反思、自我评价、自我满足、自我调节等个性特征。
37~60个月	持续发展阶段。在这一阶段,孩子的语言能力和自我调节能力快速发展。为了实现自我监督和行动控制,他们可以进行自我评价和自我认知、意象思考和象征性思考,也可以采取适当的行为对社会期待做出回应。

[①]基于 Kopp, C.B.(1982) 自我调节的发展模型。

在 13~24 个月这一月龄段，孩子的自我控制能力开始发育。到 4 岁左右，随着大脑额叶的快速发育，孩子开始拥有目标意识和集中注意力、为了获得更大的补偿而延迟满足等调节能力，并且能够有意识地对这些能力进行控制。这里最重要的一点是，孩子从 4 岁开始就可以培养自我调节能力了，因此需要正规的训练。如果父母对此有所了解，就会明白不能以"孩子还小，没关系"这样的理由来纵容孩子的行为。4~7 岁这个时期是孩子的语言能力和自我调节能力快速发展的时期，而且在日常生活中，孩子的目标指向性行为表现突出。因此在这一阶段，我们应该培养孩子抑制冲动、根据情况适时调整情绪的能力，必须改变孩子总是通过耍赖的方式获得自己想要之物的习惯。如果父母总是因孩子耍赖而妥协，那么就会在培养孩子自我调节能力的道路上多走一段弯路。

孩子在 4~5 岁的时候，认知能力快速发展。他开始逐渐摆脱以自我为中心的思考方式，提高对其他人的关心程度，同时，孩子的语言能力会进一步发展，他开始学会表达自我暗示性语言。所谓自我暗示性语言就是倾听内心的声音，并用语言的形式表达出来。如果孩子的自我暗示性语言是"我不会。妈妈帮我弄吧。我就要按照自己的想法做"之类的消极用语，那么他就会出现自信心下降、无法抑制冲动、理性被情绪左右等情况。相反，如果孩子的自我暗示性语言是积极的，他的表达就会变成"这个不可以做，妈妈说这样做是不对的。必须遵守约定。这个虽然很难，但是我可以试一试"等。一个 4 岁的孩子面对桌子上的零食，如果能够成功遵从"等到妈妈来了再吃"的指示，他的心中就一定要有"必须遵守约定"的自我暗示。只有这样他才能调整自己的心态，成功执行指示。

棉花糖实验是美国斯坦福大学沃尔特·米歇尔（Walter Mischel）博士于20世纪六七十年代在幼儿园进行的有关儿童自控力的一系列心理学经典实验。在这些实验中，小孩子可以选择一个奖励（如棉花糖、曲奇饼、巧克力等），或者选择等待一段时间（通常为15分钟），得到相同的两个奖励。

尽管这个实验饱受争议，但至少可以说明，那些为了多获得一个棉花糖而选择等待15分钟的孩子，已经具备了出众的自我调节能力。这些孩子为了抵挡棉花糖的诱惑，已经懂得使用挡住眼睛、看天花板或者唱歌分散注意力等策略，他们还懂得创造新的策略。有的孩子将棉花糖想象成老鼠，因为如果把棉花糖想象成灰溜溜的老鼠的话，肯定就不想吃了。年仅4岁的孩子已经能够使用各种心理技巧来提高自我调节能力了。这些孩子之所以能有这样的表现，正是因为他们从小开始就不断接受强化自我调节能力的训练。

苏珊·沃西基（Susan Wojcicki）是谷歌的第16位员工，她收购了创立刚满一年的公司YouTube并将其打造成了世界上最大的视频平台，她曾是参与棉花糖实验的孩子里忍受时间最长的那一个，看来这绝非偶然。虽然她的人生不可能处处成功，但是她不仅在以男性为主的硅谷中开辟出了自己的天地，还养育着5个孩子，且从来没有忽视过自己的家庭。她的这种能力并非与生俱来，而是来自家庭教育。她的妈妈是记者出身的专栏教师、教育运动家，培养出了3个优秀的女儿，这个事实正好佐证了这一点。

美国普林斯顿大学神经科学系教授王声宏（Sam Wang）与神经学家桑德拉·阿莫特（Sandra Aamodt）的研究表明：与自我调节能力差的孩子相比，自我调节能力强的孩子具有更强的批判性思维，其解决问题的能力也更为突出。而且，在对学业成就的影响方面，自我调节能力的重要性是智力因素的2倍。现在就让我们一起了解一下如此重要的自我调节能力应该如何培养吧。其实这些方法并没有想象中那么难，希望大家不要害怕，也不要有心理负担。我们在照顾孩子日常生活的时候，每天顺便抽出10~20分钟实施这些方法即可，即便我们投入如此少的时间，孩子的自我调节能力也能得到良好的发展。

STEP 03

培养自我调节能力的最佳方式：游戏和心理技巧

7种疏导情绪的自我调节能力游戏

在这里我想强调一点，为了培养孩子的心理和精神力量，父母应该优先考虑的方法就是做游戏。游戏是孩子们最喜欢的活动之一，做游戏不仅可以获得情感上的满足感，还能培养自我调节能力。如果父母能够进一步了解游戏背后的意义，那么今后也一定会更愿意陪孩子一起玩耍。

游戏对孩子之所以重要，是因为孩子最能够完全接受的事情就是游戏，他们甚至希望游戏永不结束。通过做游戏，孩子可以体验相对具体的经历，与同龄人互动，感受自己的情绪并用语言表达自己的情感。在玩游戏的时候，为了达成目标，孩子不仅会将自己的全部能力都调动起来，还能集中精力慢慢学习新技能。孩子在游戏过程中会经历挫折和失败，获得固执己见和投机取巧等心理体验，这样的时刻正是锤炼自我调节能力的绝佳机会。在游戏情境中，孩子们之间会进行互动，他们可以相互监督，自然而然地发现对方身上的问题，还可以自行设立惩罚机制或修改游戏规则。对于那些不按顺序荡秋千或者玩桌游不遵守规则的孩子，其他成员可以冷静而严厉地对其进行处理。更神奇的是，有些孩子虽然平时敢于顶撞父母，但是在游戏中却可以欣然接受同龄人的批评和指正，并在纠正自己行为的过程中体验真正的学习。

与此同时，游戏的治愈力也不容忽视。孩子无法直接表达的负面情绪通过游戏得到了发泄，在自由选择玩具或与朋友友好协商的互动中，这些情绪被健康地消解了。另外，孩子们通过在游戏中和同伴互帮互助的经历，内心得到了治愈。这些最终都会对自我调节能力的提升和发展有所帮助。现在就让我们具体了解一下那些能够提升孩子自我调节能力的游戏吧。

自我调节能力游戏① 一二三木头人

这是一个可以实实在在提升自我调节能力的游戏。游戏方法很简单，无须赘述，而且孩子们都很喜欢这个游戏。虽然在能够随意跑动的户外玩会更好，但是如果条件有限需要在家里玩，也可以适当改变一下游戏规则，例如将移动方式改为爬行或蹲行。在游戏过程中，孩子根据规则和指示反复进行停止和移动的动作，其自我调节能力自然而然就能得到提升。如果孩子无视规则一直做小动作，那就再详细地向他解释一遍游戏规则，并在他每次遵守规则时给予表扬。只有这样，游戏才能成为有效的练习，孩子的自我调节能力才会慢慢提升。

自我调节能力游戏② 听描述，做动作

看绘本的时候，把描述人物动作的句子找出来。如果看的是故事书，找起来应该会很容易。

"吓了一跳""大笑起来""皱着眉头""偷偷靠近""跑过去""将手举过头顶""高喊万岁""流眼泪"……让孩子把这些句子用行动表现出来，如果再加上"动作要保持5秒钟"的规则，这个游戏将会变得更加有趣。它能非常有效地锻炼孩子的行为调节能力。

自我调节能力游戏③ 网格绘画

在网上搜索"网格绘画"，应该可以搜到很多素材。这是一种绘画临摹游戏，它要求绘画者准确地定位图画中每个点的具体位置，然后再用线将点与点相连即可成画。在网格纸上画图出题也是一种非常有效的方法。孩子发挥主观能动性亲自出题，可以切身体会到认知的乐趣。父母答完题后，还可以让孩子检查和打分，这种客观理性的思考过程非常有助于培养孩子的自我调节能力。或许你还会看到，当孩子在担任老师的角色并指出父母的错误时，其态度要比自己作为学生时的态度更加认真。父母们应该多多和孩子进行这样的游戏，以培养孩子的认知兴趣和专注力。

自我调节能力游戏④ 占地为王

提到这个游戏，父母可能会想到自己小时候与朋友一起在沙地上玩游戏的情景。遗憾的是由于缺乏传承，现在很多孩子

并不知道这个游戏。但是现在衍生出了许多类似的可以在纸上进行的占地游戏，如三角形连线、四边形连线等。游戏的精髓就是找到连接点，推算如何画线才能获取更多的土地。孩子通过画点、连线、圈地等操作，可以有效锻炼手部肌肉。在游戏过程中，孩子有时候为了自己的长远利益，还需要暂时采取利他行为，思考出奇制胜的方法。这种需要冷静思考的游戏对有冲动倾向的孩子来说是一种有效的心理训练。

具体的游戏方法如下（以三角形连线为例）：

① 在纸上以任意间隔随机画一些小圆点。

② 选定一种符号作为自己的标志，例如●，■，★等。

③ 两个人用不同颜色的彩笔轮流将点与点连线，每人每轮限连一条，且线条不允许交叉。

④ 成功连出三角形的人可以在该形状内画上自己的标志。

⑤ 若没有剩余圆点，游戏结束。

⑥ 每个人数一数自己的标志有几个，数量多者获胜。

大家也可以延伸思考一下，如果是四边形连线，该以何种方式画点才最省时省力呢？

自我调节能力游戏⑤ 制作手工串串和迷你汉堡

这是以水果、零食或者橡皮泥等为制作材料，按照事先确定好的顺序制作串串和迷你汉堡的游戏。首先将示范用的串串或者迷你汉堡的材料准备好，并确定好食材的排放顺序，比如"苹果→草莓→香蕉""薄饼→果酱→奶酪→火腿"等，然后决定制作的数量，最后开始制作。如果孩子中途想按照不同的顺序制作，那就重新讨论，定好之后再按照新的顺序进行制作。如果孩子不按顺序或者乱改规则，那就告诉他一定要遵守规则。

"这次就按照制订好的规则制作吧，下次我们再按照新规则制作。"

总之，一定要先制订好游戏的目标和规则，并让孩子按照目标和规则行事，这样才能锻炼孩子的自我调节能力。

自我调节能力游戏⑥ 接球游戏

在两个人玩的接球游戏中，自我调节能力差的孩子一般不会考虑掷球的力度，只会随心所欲地乱扔。这个时候我们要告诉孩子，为了能让对方接住球，投球时要对方向和力度进行调整。想要玩好接球游戏，不仅需要一定的手眼协调能力和操控能力，还需要调整好距离、方向与力度，而调节方向和力度的过程也是调整心态的过程。因此，玩接球游戏同样有助于锻炼孩子的自我调节能力。接球游戏的具体玩法如下：

- 在室内准备一个柔软的皮球，从近距离接抛球开始。如果孩子太小或者自我调节能力较差，可以先从滚球开始。
- 等到孩子熟练以后，慢慢拉开接抛球的距离。

- 当孩子稳稳地将球接住的时候，父母要对孩子表示肯定和鼓励。比如可以说"接得非常棒，力度不错，你接球的准备动作非常标准"等。

- 可以用气球代替皮球来进行游戏。

自我调节能力游戏⑦ 情绪游戏

自我调节能力说到底是一种情绪调节。只有先清楚自己的感受，并学会表达感受，才有调节的可能性。玩情绪卡牌、画情绪温度计等可以有效帮助孩子理解并表达自己平日的感受。

我们可以将常用的表情包打印出来，也可以在文具店购买相关的贴纸。让孩子从表情包或者贴纸中选出最能表达此刻心情的图案。如果孩子选择了"伤心"，那就试着问一问原因。我们在听孩子讲述原委的过程中，要尊重孩子的感受，并与孩子保持交流。等到孩子讲完原因，我们要温柔地拥抱他，直到他的情绪恢复平静。"原来你这么生气呀！你真的好伤心呀！"这样简单的几句安慰对孩子来说已经足够了。父母不要草率地帮助孩子解决问题，而要让孩子自己解决，这样对他更有帮助。

在孩子的卧室墙上挂一个情绪黑板也是一种有效的方式。我们先在黑板上提前画好不同情绪的图案，如愉快、无聊、生气、难过等，然后让孩子选择合适的图案来表达自己当下的情绪。另外，还可以在纸上绘制"情绪温度计"或者直接让孩子用自己身体部位的高度来表达情绪等级。是愤怒到肚脐、胸部、脖子，还是到头顶了？如果孩子认识1~10的数字，那么也可以用数字来表达情绪等级。

5 种培养自我调节能力的学习方法

如果孩子的自我调节能力不错，就能从自我调节能力中发展出自我调节学习能力。所谓自我调节学习就是自己制订学习目标及有效的学习策略，付诸实践并对学习成果进行评价的行为。其中最关键的环节就是为了达成学习目标，学习者要对自己的情绪、想法和行为进行有效管理。

美国心理学家拜瑞·利莫曼认为，自我调节学习者的重要特征就是拥有动机，懂得发挥元认知[①]能力进行学习，懂得系统地运用行动策略。他还强调，自我调节学习者使用的不是消极的反馈，而是自我指向型反馈。他补充说，只有以这种面貌主动参与学习的人，其自我调节学习的能力才会优秀。其中，关于元认知的观点在学习中非常重要，因为发挥元认知能力的过程其实就是对自己的心态和行为进行自我监督和自我评价的过程。在这个过程中，我们会客观地思考自己想要什么，应该使用何种策略，以及这种策略会如何发挥作用等。只有对自己的心态和想法进行深思熟虑，我们才能做出最合理、最高效的决定。

让孩子意识到学习是一件有趣的事情，这是 4~7 岁孩子学习的核心所在。坚决不能教育孩子不想学也得学，再辛苦也得忍耐，即便是疲惫不堪也必须克服。事实上，只要孩子的自

---

① 元认知就是对自己认知过程的认知和理解，具体来说就是关于个人认知过程的知识以及调节这些过程的能力。

我调节能力出众，克服这些都是水到渠成的事情。如果你现在仍对自己的学业抱有遗憾，不妨仔细想一想，你是否也在抱怨自己当初的意志不够坚定，所以才没能好好学习。事实上，你没能好好学习，很可能不是意志力的问题，而是如今这种急功近利的社会风气根本无法让你体会到学习的乐趣。如果你不想让孩子重蹈你的覆辙，就一定不要忽视趣味教学的重要性。

从现在开始，就让我们在学习中培养孩子的自我调节能力吧。对4~7岁的孩子来说，寓教于乐，在玩耍中学习和成长是可以实现的。"山外有山，人外有人"，我们的目标就是让孩子成为优秀的人才，让学习、探索和研究成为有趣的游戏。到底该如何在学习中培养孩子的自我调节能力呢？现在就让我们了解一下父母从孩子4岁起就可以使用的一些有效方法吧。

学习方法① 制订学习和游戏计划

每天早上，让孩子主动说出自己的学习和游戏计划，并且用文字或者图画的形式记录下来。注意，不能光用语言表达，而是要用文字或图画的形式记录下来。如果现在孩子还不会写字，那么父母可以给所有学习和游戏项目编号，然后按顺序写下来，再让孩子在旁边标注。仅仅是这样一项活动就能让孩子自然而然地掌握遵守规则、调节冲动的能力。比如孩子说"我要画花""我要玩玩具火车""我要和布娃娃玩过家家"等，父母就要将孩子的话记录下来，让他按照自己说的话来执行。这里需要注意的一点是，要将孩子说的话原封不动地记录下来。在孩子执行计划的过程中，父母可以给孩子拍一些照片，然后把这些照片打印出来，写上日期和标题，这样就能制作一本孩子专属的学习活动集锦了。这一系列过程对提升孩子的学习力和自信心都很有帮助。

学习方法② 打卡记录计划的执行情况

在素描本或者笔记本上抄写孩子的计划并在旁边留白，然后让孩子每完成一项就在旁边画上已完成的标志。这样孩子可以一目了然地确认自己的执行进度，了解时间都花费在哪些地方，还可以让他思考一下明天的玩乐项目，提前进行计划。另外，孩子还可以在学习或游戏结束以后，拍视频记录自己进行自我评价的过程，然后再与父母一起观看视频，这个方法也非常有效。

日期	学习和游戏计划	完成后用符号标注	自我评价(父母帮忙记录)
1	画画	♥	
2	读书	★	
3	搭积木		
4	拼图		

学习方法③ 自言自语

"现在我要开始画画了。我要把花涂成黄色，把叶子涂成绿色。"就像这样，让孩子把自己的想法说出来。这种方法可以帮助孩子将注意力集中到自己要做的事情上，提升孩子的专注力。父母最好先示范给孩子看，直到他学会自言自语。"妈妈（爸爸）现在要……，你呢？"父母先这样询问孩子，等孩子回答之后，父母再根据孩子的回答重新组织语言，说给他听。这样多练习几次，孩子就能自然而然地掌握自言自语的方法。同时，我们还可以准备一些能够提醒孩子的卡片或物品。比如，孩子打算玩火车玩具，那就准备火车图案的卡片，需要说话的时候准备嘴巴图案的卡片，需要倾听的时候准备耳朵图案的卡片，等等。在做游戏的时候，父母可以用这些卡片提醒孩子下一步应该做什么。在孩子开小差的时候，父母也可以使用这些卡片对孩子进行提醒。

这个方法和前面提到的"心理对话法③"类似，孩子大声说出自己的想法不仅可以对自己的行为进行心理暗示，而且能帮助自己集中注意力和调节意志力，适当地自言自语同样可以达到这样的效果。

学习方法④ 填写学习日志

这是一种帮助孩子对自己一整天的学习和游戏活动做出积极的反馈，并强化学习动机和活动质量的方法。只要询问孩子"今天你觉得自己做得最好的事情是什么？有什么事情让你觉得最满意和自豪？"就可以了。如果孩子给不出答案，父母可以为孩子提供选项，帮助他回想和评价一下自己一天的行为，然后在孩子当天的学习日志上记录下他的话。当然，孩子的认同才是最重要的。

我再次强调一遍，父母需要暂时放下直接对孩子开展认知教育的欲望。在孩子4~7岁的时候，完全没有必要采用学教材、做习题的学习方式,这种方法是得不偿失的。父母与孩子一起参与游戏,并在游戏过程中保持愉悦的心情,只要坚持践行我前面提到的 4 种学习方法,孩子的学习力就会明显优于同龄的孩子。如果你还是对这种非认知教育感到担忧,我希望你参考本书的最后一章来指导孩子学习。

学习方法⑤ 将涂色作为学习补偿

每次孩子们结束心理咨询走出咨询室的时候,我总是会为他们打印一张图画。图画的内容一般就是各种卡通人物的黑色线稿图。在接下来父母进行心理咨询的这十几分钟内,孩子可以一边等待父母一边给图画上色。有些孩子刚开始一心只想玩玩具,但是在尝试了一两次之后,他们会主动要求我打印他们想要的图画。静静地坐在一个地方涂色可以让孩子的内心恢复平静,这对其注意力的提升很有帮助。

涂色画本曾经风靡一时。涂色是一种源自"颜色疗法"(Color Therapy)的心理治愈方式。涂色不仅可以带给孩子心理安全感,而且自由选择颜色的过程还能提高孩子的创造力。另外,完全依靠自己完成画作,也能给孩子带来成就感。众所周知的曼陀罗绘画,是瑞士精神分析学家卡尔·荣格(Carl Jung)在克服自身精神分裂问题的过程中使用的方法。我们可以在网上下载一些曼陀罗绘画模板,也可以鼓励孩子发挥自己的创造力,自行绘制图案。

7种提升自我调节能力的心理技巧

心理技巧① 榜样是所有学习的开始

孩子通过观察父母的日常生活可以学到很多东西。如果和孩子约定只能看半小时电视，那么父母也需要一起遵守。父母可以这样对孩子说：

> "妈妈（爸爸）也很想继续看，但我们还是按照约定今天就看到这里吧。怎么样？妈妈（爸爸）是不是表现得很好呀？"

还想继续吃、继续睡、继续玩、继续看，我们所有人的生活都离不开自我调节能力。驾驶汽车要遵守限速的交规，按照红绿灯的指示行驶，这些都需要我们发挥自我调节能力。每当遇到这样的时刻，父母最好向孩子解释一下自己是如何进行自我调节的，这样一个小小的举动就能为其树立学习的榜样。

心理技巧② 营造利于认知的周围环境

把游戏机放在孩子面前，却让他忍住不要玩游戏，这几乎是一种酷刑。父母最好让孩子少接触电视机遥控器、手机、游戏机等对孩子充满诱惑的物品，尽量多让他专注于认知活动，这样孩子才能在日后爱上学习。因此，对父母来说，尽量减少周围能够导致孩子分心的刺激，营造有助于孩子集中注意力学习认知类课题的环境，这一点十分重要。

心理技巧③ 发挥想象力和转移注意力

面对很难在地铁站、超市等场所排队等待的孩子，父母可以提前对他说这样的话：

> "排队有点儿辛苦，这是正常的。你可以把排队等待想象成正在走钢丝。"

提前告知孩子情况，一起思考并提出对策，这样孩子不仅能够耐心等待，不再烦躁，还能在面对各种情况的时候更好地发挥自我调节能力。学习也是同样的道理。如果父母对讨厌数学的孩子说"只要你大声数数，数字王国的精灵们就会变得幸福"，那么孩子就会开心地大声数数。特别是4~7岁这个时期，越是激发孩子的想象力，孩子越是能发挥出更强的自我调节能力。

心理技巧④ 对必须遵守的行为规范进行反复说明

比起直接命令孩子"这样不行""你应该这样做"，用孩子可以听懂的语言对行为规范进行简单说明会更加有效。父母应该有理有据地将行为规范解释给孩子听。"不能在公共场所到处乱跑或者大喊大叫，因为这样做会妨碍其他人。你应该慢慢走，小声讲话。"像这样给孩子反复解释说明，孩子自然就能理解并且遵守这些行为规范。

学习也是同样的道理。与其对讨厌写作业的孩子说"不想写也得写"，不如对他说"你讨厌写作业虽然情有可原，但是作业是必须要完成的。你先调整好自己的心态再写吧！"或者"就像吃饭、休息、睡觉一样，每个人都需要学习，虽然可能会疲惫，但是为了拥有更加有意义的人生，学习是必不可少的"等。父母要把遵守规范的必要性解释得有理有据，孩子才会听到心里去。

心理技巧⑤ 不要与别人比较

不要将孩子与朋友或者兄弟姐妹作比较。如果一定要比较，那就将孩子与过去的他进行比较。将孩子与昨天、一周前、甚至一个月前的自己进行比较，告诉孩子他正在不断地进步和成长。

"你比之前做得好多了。现在的你越来越棒了。"

孩子知道自己有所进步，内心会产生极大的满足感，也会激励自己不断地更上一层楼，因此父母不要总是纠结于孩子的缺点，而是要看到他的进步，并给予肯定和鼓励。这个方法也能有效缓解父母因相互攀比而产生的焦虑情绪，因为如果父母多多关注孩子的进步，就会意识到自己家的孩子在某些方面也同样出色，那么别人家的孩子又有什么好羡慕的呢？

心理技巧⑥ 重视过程而不是结果，赞扬努力而不是能力

假如孩子正在玩堆椅子游戏，但是由于堆好的玩具椅总是倒塌，孩子觉得很难过。这个时候我们应该对孩子说些什么，

才能让他毫不气馁，继续挑战呢？轻描淡写地说一句"没关系，你已经做得很好了"，这对孩子毫无帮助。此时，父母可以称赞孩子比之前堆得更高了，或鼓励孩子积极尝试不同的堆叠方法，与此同时也要对孩子坚持挑战的态度予以肯定，只有这样，孩子才能主动调节自己的冲动情绪和气馁心理。

心理技巧⑦ 强忍和调节是两回事

"不要大喊大叫。不准哭。别不耐烦。"这样的话不管对孩子说多少遍，他都不会平静下来。在父母严厉的训斥下，孩子有时也会强忍着不哭出来，但这是自我压抑，而不是自我调节。如果父母总是以这样的方式训斥孩子，对孩子只会有百害而无一利，最明显的后果就是孩子会拿比自己柔弱或者年纪小的孩子撒气。

所以，在孩子伤心难过的时候，安慰他并让他大声哭出来吧，这样孩子的内心才能平静下来。孩子只有先学会如何释放情绪，才能学会如何调节情绪。随着孩子的自我调节能力提升，他在和别人产生较小的矛盾时，就不会大发脾气，而会更好地理解对方的感受，并提升自己的共情能力与处世能力。如果孩子只是强忍情绪，而不是自我调节和疏导情绪，那么他肯定会在其他地方出现不正常的发泄行为。父母要明白，孩子之所以不再执着于某种情绪或欲望，是因为这种情绪或欲望已经以某种更为成熟的方式得到了满足，而不是一再地被抑制。

:再次邂逅令人吃惊的 5 岁孩子

一个 5 岁的孩子正在唱歌。这是一首名叫"找朋友"的儿歌,原来的歌词如下:

找呀 找呀 找朋友
你是我的好朋友
敬个礼呀 握握手
你是我的好朋友

但是这个孩子是这样演唱的:

找呀 找呀 不找朋友
你不是我的好朋友
不敬礼呀 不握手
你不是我的好朋友

这种"唱反调"的行为是孩子自我意愿的体现。没有爸爸妈妈的约束,孩子便会顺从自己的内心,自由地发展自己的动机和行为,其自我调节能力也正是在这种情况下开始发展的。如果爸爸妈妈不知道这些,总是纠正孩子唱的歌词,孩子就会觉得唱歌变得索然无趣。不仅如此,连这些琐碎小事也要被爸爸妈妈唠叨,这会在无形中增加孩子的压力,而削弱自我调节能力的罪魁祸首就是压力。因此,在日常生活中,父母应该尽量让孩子免于压力的困扰，使其心情愉悦地培养自我调节能力。父母偶尔陪孩子一起唱一唱他"改编"的歌，享受愉快的亲子时光，这对孩子的情绪发展很有帮助。我要再次强调一遍，与教孩子学习语文和数学相比，父母更应该培养孩子的自我调节能力，因为自我调节能力出众的孩子不仅抗压能力强，而且学习能力也很突出。

我曾见过一个自我调节能力十分出众的 5 岁孩子，并认真地观察了他的行为举止，然后做了如下记录：

> 他无聊的时候会自己看儿童绘本，遇到简单的文字也能大声读出来，并且读得很好。他喜欢玩"100 后面加一个 0 是多少？1000 后面加一个 0 是多少？"这种数字游戏，也非常喜欢玩词语接龙游戏。当他认真思考的时候，眼睛会不自觉地望向天空，那模样别提有多可爱了。他也喜欢玩推理游戏，他很享受寻找线索，分析证据，最终锁定犯人的过程，也懂得依靠逻辑推理循序渐进地解决问题。他浑身上下散发着孩子特有的开朗和天真烂漫的自由。他自尊心强，社交能力突出，在了解自己情绪的同时也懂得调节情绪。他的行为总是比同龄人略显成熟，即便是面对不想做的事情，他也能调整好自己的心态，按时完成。

可以想见，随着年龄的增长，这个孩子的学习能力会变得越来越强，他的未来自然也不可限量。如果我们也想让自己的孩子变得更加优秀，那就一定要努力培养他的自我调节能力。

Part 5

4~7 岁孩子的学习启蒙，从现在开始

> 灵活运用魔法钥匙，
> 培养 4~7 岁孩子的语文学习能力

﹕4~7 岁的孩子学习语文，不仅限于识字

关于 4~7 的孩子的语文教育，我最想强调的一点是决不能将语文学习局限于识字。语文能力是按照听说读写的顺序依次发展的，其中听说能力是孩子在具体的认知教育开始之前就自然而然习得的能力。从怀孕时期开始，父母就会经常跟孩子说话，在这种情感和语言的双重持续刺激下，孩子从牙牙学语到逐渐说出完整的词语和句子，最后掌握说的能力。然后从某个时刻开始，孩子会突然对阅读产生兴趣。在此期间，亲子之间不同的对话方式会导致孩子的听说能力出现差异，而且父母教孩子学习语言和文字的方式也会对其语文能力的发展产生影响。想要培养孩子的语文学习能力，不需要特意使用教材，只要在日常生活中多让他分享自己的心情和想法，在读书的时候多帮他拓展相关知识就足够了。能够听懂大人说的话且善于表

达的孩子，即便阅读时磕磕绊绊，也会乐在其中。

对4~7岁的孩子进行语文教育应该抱着听说读写能力均衡发展的初衷开始。听说能力优秀的孩子如果开始对文字产生兴趣，那么他的阅读能力会以极快的速度发展起来。如果父母不重视知识、注意力和自我调节能力这3把魔法钥匙的作用，只是一味地强迫孩子学习，等到孩子上了初中，成绩就会迅速下降。如果父母仅仅是知道这一事实，却没有认真地贯彻执行，在教育孩子时仍旧随波逐流，最后也只能体会痛彻心扉的后悔滋味。孩子上中学后学习成绩落后的最主要原因就是其情绪和认知发展不均衡。也就是说，对提升学习力有着重要作用的3把魔法钥匙，孩子并不具备；在语文学习中相对重要的理解能力和自由表达自己情感与想法的能力，孩子也有所欠缺。因此孩子在4~7岁的时候，采用正确的方式学习语文是非常必要的。

让我们以此为基础帮助孩子学习语文吧。我们知道，每个孩子开始识字的时期各不相同，因此当孩子表现出对文字的兴趣时再教他识字也不迟。千万不要一听说别人家的孩子都识字了，便心急如焚地强迫孩子学习。带着好奇心主动学习与早早接受认知教育被动学习，这两种方式哪一种对提升孩子的学习力更有帮助，还有待于在未来深入研究，因此，比同龄人略晚起步，也未尝不可。

有些学者强调，识字晚反而有助于孩子的想象力和创造性思维的发展。父母在给孩子读绘本的时候，经常会忽略图画，只专注于阅读文本，而不识字的孩子却是一边听书一边看图，因此总能发现一些父母看不到的隐藏信息。另外，通过这些信息，孩子还可以尽情展开想象的翅膀。父母不要忘记，通过简单的游戏也能教孩子识字。希望大家可以掌握一些帮助孩子提高语言能力的方法，同时帮助孩子识字。

下面列举了几条帮助孩子提高语言能力的有效方法。

- 经常给孩子读书，并遵循孩子的意愿进行讨论。
- 否定用语不利于语言能力的发展，因此尽量减少否定用语的使用。
- 多与孩子交流，积极回应孩子的话。
- 不要频繁使用婴幼儿用语，与孩子说话时要用词恰当。
- 名词和形容词使用得越多越好。

3 种教孩子识字的方法

孩子的识字过程如下：

① 完全不识字的阶段。

② 认识自己的名字和简单文字的阶段。

③ 可以结结巴巴进行阅读的阶段。

④ 能够阅读文字但却不能完全理解其含义的阶段。

⑤ 在阅读中理解的阶段。

⑥ 读数学、科学等科普类图书，在理解的同时拓展知识面的阶段。

这里需要注意的是，就算孩子已经识字，也未必能够做到完全理解。有些孩子本来很喜欢阅读，但当父母强迫他开始独立阅读时，他却与读书渐行渐远了。我希望大家不要犯这样的错误。下面让我们一起来了解一下学习文字的方法吧。虽然方法有很多，但我想向大家介绍3种最具代表性的方法。

方法① 利用实物或图片学文字

如果孩子总是好奇地指着文字问"这是什么？那是什么？"，或者经常拿起自己喜欢的绘本看，就说明孩子开始对文字产生兴趣了，这时父母就可以教他识字了。父母在教孩子识字时，可以直接展示实物，也可以给孩子看图片，这样文字和具体的事物之间就产生了联系。例如，父母在教"灯"字时，就可以一边让孩子看文字，一边让他找一找家里的灯。这样孩子的大脑中就会产生两个表象，实物"灯"和文字"灯"。每当我们发出"灯"这个音时，孩子对实物和文字都会产生反应，反之亦然。我们还可以在生活用品上贴上文字，当孩子接触什么物品，我们就教他认识对应的文字。比如看电视的时候，我们引导他认识"电视机"；削苹果的时候，我们引导他认识"苹果"。不要求孩子能一次记住，随时随地反复教，将其作为一种习惯，久而久之，孩子自然就能学会很多文字。

方法② 依靠形式表演或游戏学文字

与逻辑思维能力相比，孩子的形象思维能力更强，因此父母在教孩子识字的时候，可以将一些文字所表达的意义通过肢体动作或面部表情表现出来，加深孩子对文字的理解和记忆。比如，父母在教"飞"字的时候，可以让孩子模仿小鸟飞翔的动作；在教"跳"字的时候，可以让孩子模仿小兔子跳跃的动作。亲身体验一下飞翔和跳跃的感觉，有助于孩子准确理解二字的含义。在教"哭、笑"等字的时候，可以让孩子做出相应的面部表情。另外，父母还可以借助一些游戏器具教孩子识字，如拼字积木、文字卡牌桌游等。总之，通过形体表演或玩游戏的方式学文字，不仅可以加深孩子对所学文字的印象，提高孩子的识字兴趣，而且能够培养和锻炼孩子的动手能力、思维能力和表演能力。

方法③ 通过阅读学文字

父母给孩子读绘本的时候，也可以顺便教他一些文字。不过每个孩子对文字表现出兴趣的时期各不相同，如果孩子暂时还没有兴趣学习文字，父母就不要强迫他学习。即便孩子识字很晚，也并不能说明他的认知能力或学习能力存在问题，因此父母无须担心。等到孩子对文字感兴趣的时候，我们就可以通过绘本愉快地引导孩子识字。

父母若想通过绘本教孩子识字，有件事必须提前了解，那就是阅读图画的重要性。孩子一旦识字，他的注意力就会转移到阅读文字上，因此会错过隐藏在图画中的各种信息。也就是说，即便他看的是绘本，也会像大人一样局限于通过文字来理解书中的内容，不再从图画中获得灵感，不再发挥想象力创造故事。从某种层面来说，这是孩子识字过早的一个弊端。事实上，孩子晚一点儿识字也是有好处的，因为他可以不受文字的束缚，自由地探索图画的世界，尽情地发挥想象力。通过阅读图画，孩子可以创造属于自己的故事，发现并接收很多文字中没有传达出的隐藏信息。

通过阅读绘本学习文字虽然效果显著，但是如果父母过分强调文字的学习，孩子就会产生心理负担，从而逐渐失去阅读的兴趣。我们要记住，对孩子来说，阅读的最大目的就是享受书中故事的乐趣，并培养阅读的兴趣，而学习文字只是次要的目标。另外，学习识字需要从孩子喜欢的绘本开始，因此挑选孩子感兴趣的绘本是识字的第一步，也是非常重要的一步。

通过绘本学习文字的方法

① 挑选一本孩子喜欢的绘本，最好选择文字量较少且字号较大的绘本。

② 为了吸引孩子的兴趣、激发孩子的好奇心，父母给孩子读书时应尽量做到绘声绘色。

③ 询问孩子想要学习书中的哪个字。如果孩子回答不上来，父母就可以替他选择。比如你可以说："咱们找一找'大'这个字吧！"

④ 将绘本翻到"大"字反复出现的那一页,然后对孩子说"我们一起来找一找长成这样的字吧?"然后引导孩子慢慢寻找。

⑤ 即使孩子只找到一个,也要鼓励他说"你做得真棒!"如果孩子一直找不到,父母可以提示一下。

⑥ 当孩子找到后,就对他说:"真棒!你还要继续找吗?妈妈(爸爸)得再找出一个来。"

⑦ 询问孩子还想找什么字,让他来主导找字游戏。

⑧ 与孩子一起数一数找到的文字的数量。在笔记本上写上今天的日期、寻找的文字及数量。

⑨ 告诉其他家庭成员孩子今天的找字成就,并提出表扬。

⑩ 和孩子一起回顾今天的努力,并分析一下孩子在哪方面表现突出。久而久之,孩子就能发现自己的长处。比起父母的评价,孩子的自我评价对动机的强化作用会更显著。

"虽然这个字不好找,但你还是努力坚持到了最后。"
"你今天找的特别认真,一点儿都没有感到不耐烦。"
"你觉得自己今天哪里做得最好?为什么会这么想呢?"

⑪ 把当天找的文字制作成卡片,贴在冰箱或者客厅里醒目的位置。等到卡片积攒到一定数量,就可以玩有趣的卡片游戏了。

游戏应用

- 将孩子找到的所有文字制作成卡片。卡片游戏是最好的识字游戏。如果孩子已经认识了一些字,父母就可以将 80% 的熟字和 20% 的生字混在一起,这样在玩游戏的过程中就可以锻炼孩子将不同的文字关联记忆。

- 孩子们也很喜欢文字版的钓鱼游戏，自己钓到的文字卡片越多，就越有成就感和自信心。孩子在享受游戏的过程中，可以自然而然地轻松认识文字。
- 在玩游戏的过程中，孩子经常会产生一些新的创意。这时按照孩子的创意进行游戏，可以提升孩子的自豪感和成就感，使其更加热衷于学习。

在学习文字的过程中，父母最应该关注的是孩子的感受。对孩子来说，整个过程应该是充满乐趣的。要让他觉得阅读绘本很有趣，而在阅读的同时寻找文字更有趣。随着认识的文字数量越来越多，孩子学习的积极性也会越来越高。

> 灵活运用魔法钥匙，
> 培养4~7岁孩子的数学学习能力

∶4~7岁的孩子学习数学，要优先培养数感

撰写《一个数学家的叹息》的美国数学家保罗·洛克哈特（Paul Lockhart）认为数学是一门优美、有趣且充满创意的艺术，而孩子之所以会讨厌数学，与不得当的数学教学方式有很大关系。他认为，如果孩子们的应试科目不是数学而是音乐，那么教音乐的方式就会变成枯燥的画音符、背乐谱，到时孩子也会像讨厌数学一样讨厌音乐。我觉得这完全有可能。

在学习数学的过程中，大部分孩子会变得讨厌数学，其中一半以上的孩子会逐渐放弃数学。从孩子4~7岁开始，数学的学习大概要持续15年之久。孩子刚开始就如此讨厌它，那么未来的学习之路一定充满坎坷。如果父母不想让孩子走上这条道路，那就必须在孩子4~7岁开始学习数学的时候让他感受到数学的乐趣，主动产生想要学习更多数学知识的想法和欲望。

如果父母觉得数学枯燥无味，那么孩子通过观察和学习父母的言行，也会原封不动地沿袭这种态度。有些孩子在解答简单的数学题时，一旦做错就直接去翻看答案，这是因为父母在指导他们数学的时候，往往也会直接去查看答案，这种行为被孩子看在了眼里，记在了心上。当然，即便父母的数学不好，但是教导4~7岁的孩子还是绰绰有余的。如果想让孩子爱上数学并擅长数学，那就先让我们理清几个有关数学的概念吧。首先，有一个事实可以让广大父母放心，那就是孩子的数感是与生俱来的。下面让我们来看一看一项以4个月新生儿为对象的研究结果吧。

研究人员将一个米老鼠玩偶放在小型木偶剧舞台上，先用挡板将玩偶挡住，然后拿掉挡板，测量孩子的注视时长。随后重新用挡板将玩偶挡住，并在挡板后加放一个米老鼠玩偶，然后再次把挡板拿掉。当玩偶变成两个的时候，孩子的注视时长明显增加了。这说明对孩子来说，"1+1=2"的感觉是与生俱来的。同样，先给孩子看两个坑偶，用挡板挡住之后，将两个玩偶替换成两个球，孩子的注视时长并没有发生明显的变化。明明物体的外观发生了变化，但却并未引起孩子的注意。可是当小型木偶剧舞台上只剩下一个球的时候，孩子的注视时间增加了。学者们由此得出，比起事物的形态和颜色，婴幼儿更关注事物的数量。虽然他们并不知道物品的准确数量，但是能够通过天生的数感察觉到数量变化。

有一个概念直接影响着儿童和成年人的数学成就，那就是在比较数字大小时的"数字距离效应"，这是一种与生俱来的数感，将其想象成我们心中的一把卷尺即可。具备了这种数感，孩子在比较 3 和 4、3 和 8 这两组数的大小时，即便不进行运算也能快速地给出答案。这种不需要计算"4-3"和"8-3"分别等于几就可以比较两数大小的能力正是人与生俱来的数感，又被称为"概数系统"。相反，通过学习学到的数字概念和正确的计算方式被称为"确数系统"。

我们只把学习确数系统视为真正意义的数学学习，因此强迫孩子学习确数概念，但这并不是最重要的东西。学者们强调，如果不强化与生俱来的概数系统，只使用确数系统，数感就会变得迟钝，孩子会讨厌数学，很有可能放弃学习数学。

数感就像识别颜色一样，是一种与生俱来的能力，而且这种能力通过适当的训练还可以进一步提升。反之，如果缺乏持续性的刺激或者训练，这种能力就会退化。有研究表明，孩子的数感与其从小学到高中的数学成绩有着很高的关联性。因此，父母在引导 4~7 岁的孩子学习数学时，比起教授孩子确数系统，更应该培养孩子的数感。现在就让我们了解一下培养数感的方法吧。

⁞ 5 种培养数感的方法

方法① 数数：从具象事物到抽象事物

对第一次学习数数的孩子来说，首先要熟悉数字 1 到 10 的写法和读法，然后再学它们的顺序和含义，重要的是要将数字和物体的数量一一对应起来。因此，在具体的物品与抽象的数之间建立联系是4~7岁孩子需要学习的主要内容。教这部分内容其实并不难，只需按照具象事物、半具象事物到抽象事物的顺序进行即可。举个例子，在教孩子学习2+3的时候，先使用糖果等具象事物来计算，让孩子在数数的过程中完成糖果的累加。当孩子已经熟练后，再利用圆形、三角形、四边形等半具象事物来计算。如果孩子也熟练掌握的话，就可以使用抽象的数直接进行运算了。我们要像这样，循序渐进地锻炼孩子的数数能力。倘若不按照这个顺序教，而是直接教孩子数字，那对孩子来说将是难以理解的艰难任务。孩子在玩游戏或者吃东西的时候，父母都可以反复数数给他听，让他跟读，只有勤加练习，孩子的数感才会发达。

方法② 感数：猜单双游戏和骰子游戏

所谓感数指的是通过视觉迅速而准确地识别小数量集合数目（一般在6个项目以内）的能力，也有学者将其称为"目测能力"。四五个点放在眼前，人们不需要特意去数就知道有几个点，这种能力是与生俱来的，被称为"直接感数"；看到6个物体，数数的时候在脑海里将其拆分成5+1、3+3的组合，这种能力被称为"概念感数"。如果孩子可以熟练地从1数到10，那么接下来就该培养他的感数能力了。父母只要想想过去的猜单双游戏，就不难理解应该如何对孩子进行训练了。将几个围棋子攥在手里，让孩子猜一猜是单数还是双数。最开始孩子可能需要数一下才知道是单数还是双数，等到熟练以后，不用数也知道有几个，从而直接判断出是单数还是双数。投骰子是练习感数的绝佳方法，刚开始学习数数的孩子都喜欢这个游戏。渐渐地，孩子就能从逐一数数的阶段发展到凭借感数能力目测的阶段。另外，我们还可以逐渐将骰子的数量增加至 2 个或者 3 个，以提升游戏的难度。

方法③ 数的比较：石头剪刀布卡牌游戏

我们可以通过这个游戏，帮助孩子建立数的大小概念，理解了哪个数大哪个数小，就能更好地理解运算的过程。"加法算得很好，但是不太会减法""乘法算得很好，但是除法相对薄弱"，孩子之所以会出现这种情况，正是因为对数的大小概念不敏感。"哥哥 3 个，妹妹 2 个""爸爸比较大所以吃 4 个，孩子比较小所以吃 3 个"，我们可以在平时多以这样的方式教孩子比较数的大小。还可以玩石头剪刀布游戏，然后输的人给赢的人一张牌，最后数一数各自赢了或输了多少张牌。这个游戏我非常推荐，因为它不仅能够培养孩子数的大小概念，而且有助于孩子理解数的加减概念。

方法④ 倍数数数：2 的倍数和 5 的倍数

如果孩子已经熟悉了常规数数，可以让孩子尝试数 2 的倍数和 5 的倍数。数 10 个物品的时候，可以一个一个地数，也可以两个两个地数，还可以 5 个 5 个地数。像这样按照倍数或一定的间隔来数数，有助于培养孩子的数感。通过这个过程，孩子可以直观地感知数字的大小和意义，并懂得"无论如何拆分，总数不变"的道理。

"1+7=2+6=3+5=4+4=8"，如果像这样按照任意的跨度数数并向孩子逐一讲解，孩子可能会听得一塌糊涂，但是如果像"2、4、6、8、10""5、10、15、20、25、30"这样，经常让孩子练习规律的倍数数数法，孩子的数感就会越来越发达。而且，这样数数像唱歌一样，朗朗上口，非常有趣。

我经常发现，通过确数概念学习运算的孩子在玩游戏的时候，不太会以倍数的方式数数。小学一年级的孩子应该可以熟练地从1数到100，但是只会一个一个数数的孩子与可以使用倍数来数数的孩子相比，其数感会差很多。所以，父母要在与孩子玩耍的过程中，尽量帮助孩子培养数感。

方法⑤ 培养概数感和确数感：计数板与数轴

若想培养孩子的概数感，我们可以使用数轴或2×5规格的十格计数板等。比如在十格计数板上放围棋子或者黄豆粒，让孩子凭感觉猜数量；或者随意抓一把糖果放在桌子上，让孩子猜一猜总数是多少，这些都是父母可以陪孩子一起尝试的小游戏。

也可以画一条水平线代表从0到10的距离（单位间隔1cm），然后让孩子估算某个数在这条线上的位置，这个游戏对培养孩子的概数感是最有效的。比如先画一条水平线，将0和10写在这条线的首尾两端。如果父母让孩子估计一下7的位置并在数轴上标记出来，孩子会如何做呢？父母大概会觉得孩子标记的位置不会差太多，但事实却并非如此，孩子很有可能把

7标记在莫名其妙的位置上,这是因为孩子的概数感还没有那么发达。因此,我们要经常陪孩子玩这样的游戏,这样才能提升孩子的概数感。

培养孩子的确数感也同样重要。

表示数字 5 的各种方式

小立方块	棋子	骰子
手指	十格计数板	计数符号

数轴

我们可以用5个棋子、5点的骰子、5根手指、十格计数板的一层、5的计数符号等各种形式来表示数字5。学习一个数的多种表达方式,可以在提升孩子概数感的同时使其掌握确数的概念。父母在教孩子识数的时候,可以多多活用生活中的素材,随时随地培养孩子对数字的应用能力。

数学是创意性地利用对数学的直觉、数感以及科学的数的概念来解决问题的学科。孩子的运算速度快并不意味着他以后就能学好数学。孩子要想学好数学，必须要有发达的数感，因为我们不仅在将数字和数量建立联系的时候需要数感，在理解数字大小、数字间的关系、运算法则、十进制等知识的时候，数感也是必不可少的因素。希望大家记住，在4~7岁的时候培养孩子的数感，就等同于让其学习数学。

：提升数学兴趣和数学能力的桌游

根据保育课程大纲，我建议4~7岁的孩子只要掌握5个领域的数学概念就足够了，分别是数与运算、空间与图形、测量、规律、资料收集与结果表述。乍一看，很多父母会觉得无从下手，孩子要学的东西太过宽泛，父母要做的事情太多，简直一头雾水。到底是使用书本教孩子学习更合适，还是请家教更合适？站在选择的十字路口，父母不知道孩子的数学启蒙之路该如何开启。事实上，想要培养出喜欢数学的孩子，教育方法和互动方式是关键。父母可以将解答习题册当成问答游戏，偶尔让孩子做一两页来测验一下他的水平，也可以拿出一张纸，亲自出几道题考考孩子。把每次使用的答题纸攒到一起，就能制作一本孩子专属的习题册。

在我看来，让 4~7 岁的孩子喜欢数学、学好数学的最好方法就是玩桌游。美国的精神科医生艾文·罗森斐尔德（Alvin Rosenfeld）强调：玩桌游对识别数字与图形、分组与数数、识字与阅读、视觉识别和手部肌肉协调等学习技能的掌握有很大的帮助。玩桌游是父母与孩子一起享受愉快亲子时光的最佳选择，它不仅简单有趣，还能提升孩子的学习能力。美国马里兰大学人类开发学教授吉塔·拉马尼（Geetha Ramani）以学前儿童为对象进行了有关数字桌游"鬼脚图"的研究，结果表明，参与这项游戏的孩子在比较数字大小、推测、计算和数字识别等方面的熟练度明显提升。换句话说，玩桌游的经验对孩子感数能力的提升与数学知识的学习贡献巨大。

另外，桌游是按照顺序轮流进行的，孩子需要等轮到自己才能行动，因此通过玩桌游，父母还可以教会孩子等待和互动等社交技能。新冠疫情改变了过去的教育环境，在新环境下，桌游是一种非常不错的教育手段。有人说，自己的孩子从来没有补习过数学，却考上了名牌大学。别人问他的孩子是如何学习数学的，他回答说，自己的孩子从小通过玩桌游学习了许多数学知识。事实上，这绝非虚妄之言。只要方法得当，通过玩桌游，我们的孩子也能成为数学达人。

- **鬼脚图（俗称爬梯子游戏）**

    鬼脚图是一种简单的决策游戏，常被用作抽签的方式。游戏的玩法如下：首先画几条纵线，以纵线的顶端为起点，底端为终点，终点处写上抽签的项目。然后在相邻的纵线之间任意画一些横线，但每条横线都不得穿越纵线。最后每个人选择一个起点开始一步一步往下走，若遇到横线，则沿着横线走到相邻的纵线，最后到达的终点就是抽签所抽中的项目。

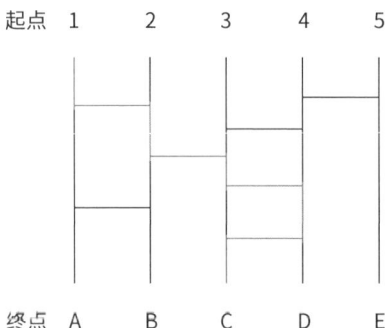

鬼脚图是桌游中最具代表性的线性游戏，可以帮助孩子掌握数字排列与垂直线的概念。父母也可以将其改编成按照骰子投掷出来的点数向前进的游戏。在游戏过程中，孩子可能会经历后来居上或者被对方逆转的情况，从而产生兴奋或者难过的情感波动。因此，父母要告诫孩子胜不骄，败不馁，以锻炼孩子的自我调节能力。鬼脚图游戏有很多衍生玩法，父母可以和孩子多多探索。

- **德国心脏病（Halli Galli）**

这是一种锻炼快速反应能力和心算能力的卡牌游戏。玩家轮流翻开水果牌，当发现桌面上被翻开的卡牌中某一种水果加起来的总数刚好等于5的时候，就抢拍铃铛，谁最先拍响铃铛，牌就归谁。这个游戏不仅有助于锻炼孩子的视觉注意力和快速反应能力，而且对孩子掌握数的合并与拆分、基础的加减法运算也有帮助。通过这个游戏，孩子可以在心情愉悦的前提下体验心理紧张感，还可以锻炼自己的专注力。

- **指环套套**

这是一种锻炼儿童观察能力的卡牌游戏。每张卡牌上图案的颜色组合模式都不相同。抽取图片后，玩家需根据其颜色顺序，将对应颜色的指环依次套在手指上，最先完成的人拍响铃铛，如果穿戴正确就可以获得该卡片。另外一个人负责检查拍响铃铛的人手指上的指环颜色顺序与图片所示是否一致。这个游戏对培养孩子的色彩和模式识别能力非常有效，而且这个游戏要求手部动作要快，这对训练孩子的手部肌肉与瞬间爆发力也很有帮助。

- **拔毛运动会**

这是一款超级有趣的考验记忆力的卡牌游戏。玩家需先将24张鸡蛋卡摆放成环形跑道，然后将12张鸡窝卡扣放在跑道中央。玩家们将各自的小鸡摆放在跑道上，然后开始轮流抽取鸡窝卡。如果鸡窝卡的图案和自己的小鸡前面的鸡蛋卡图案一致，则可以前进一格，并继续享有抽卡机会。否则就停留在原地，把抽卡机会让给下一个人。玩家的前进顺序应同为顺时针或逆时针，如果超过前面的小鸡，则可以将其尾巴羽毛占为己有。最终夺得所有小鸡羽毛的玩家获胜。这款游戏是激发孩子认知兴趣的最佳工具。孩子需要集中注意力记住鸡窝卡的位置和图案，因为所有图片的色调相似，所以孩子需要记忆图案的细节。

- **图形消消乐（Same Same）**

图形消消乐是一套包含 81 张属性卡片、2 个属性骰子、2 个玩具气锤和一个卡片展板的游戏器具。卡片的属性有形状（如圆形、三角形和四边形）、颜色、边框样式和眼睛个数，其玩法更是多种多样。例如，玩家可以随意抽取 12 张卡片，这些卡片有的属性相同，有的属性不同。然后先后投掷两个骰子，符合骰子提示特征的卡片即可用气锤进行消除。确认卡片的形状、颜色、边框样式和眼睛个数等特征是否符合条件的过程，可以培养孩子的图形和颜色认知能力，提高视觉辨别能力。如果可以用语言来表述骰子提示的特征，例如黄色三角形，边框是虚线，眼睛有两个等，那么就可以同时培养孩子的综合性数学能力、瞬间判断能力和语言表达能力。

> 灵活运用魔法钥匙,
> 培养4~7岁孩子的英语学习能力

4~7岁的英语学习也可以很有趣

如果可以不强迫孩子上英语课外辅导班就能让他快乐地学习,那么我也赞成4~7岁的孩子学英语。现在就让我们了解一下快乐学英语的方法吧。坚持这些方法,你就再也不用将自己的孩子与上英语幼儿园的孩子比较,然后埋怨自己的经济能力不足,孩子也不需要再因英语作业而焦头烂额,饱受压力之苦。

市面上为4~7岁的孩子准备的英语教材种类可谓多种多样。父母与其思考使用什么教材好,不如花费时间仔细想一想哪种学习方式更合适。英语也是一门语言,跟母语一样,孩子的英语能力应该按照听说读写的顺序依次发展。听得懂才会说,会说之后阅读才能变得轻松。我们这一代人学英语,都是在还不会说的情况下就忙着学习阅读和写作,结果学了十几年英语,连一句完整的话都说不出来。可以说,这是一种效率极低的学习方式，希望我们的孩子不要再以这样的方式学英语了。先让我们想一想如何锻炼孩子的听力吧。一种方法是将英语作为日常生活用语来使用，另一种方法是给孩子读英语绘本。另外，如今社交软件十分发达，孩子还可以通过直接与外国人对话来学习英语。

下面我介绍3种不需要花费任何费用就可以练习英语听力和口语的方法。第一种方法是将简单的生活对话转换成英语。比如父母用英语表达"吃饭了""洗漱吧""一起玩吧"等简单的日常用语。可以先说一遍中文，然后再说一遍英语，久而久之，父母只说英语，孩子就能听懂了。第二种方法是唱英文歌。最开始的时候教孩子唱 ABC 儿歌，然后跟孩子一起听他们喜欢的其他英语儿歌并一起演唱。如果直接让孩子演唱英文歌有困难，父母也可以先跟孩子一起唱英语儿歌的中文版，这样方便孩子理解歌曲的内容，父母也无须再解释一遍歌词的含义。最后一种方法是给孩子读英语绘本，同时也可以配合使用英语听力教材。接下来让我们分别了解一下这3种方法吧。

简单的日常英语口语

从早上起床到晚上睡觉，父母对孩子说的话并没有我们想象中那么丰富。父母可以在经常说的话里选出10句左右，将其转换成英语和孩子进行对话。大部分父母从初中开始学英语，至少有10年的英语学习经历，因此对父母来说，简单的日常英语应该问题不大。

早上叫孩子起床时说的话，让孩子洗漱吃饭时说的话，鼓励孩子在幼儿园好好表现时说的话，对放学回家的孩子表示欢迎说的话，这些日常英语其实并不难。让我们试着从中挑选10句话，换成英语跟孩子对话吧。花费两三周一直重复这些话，这就相当于为孩子营造了一个随时都可以接触英语的环境。如果孩子可以听懂并且能够正确重复这些话，就可以再挑选10句话换成英语继续这个循环。坚持这种方法，说不定可以获得与上英语幼儿园相同的效果。在这个过程中，父母不要在意自己的发音不准确。在陪孩子练习口语或者给孩子读英语绘本的过程中，很多父母之所以不敢开口，是因为他们对自己的英语发音缺乏自信。实际上，我们完全没有必要因为发音不标准而感到羞愧。因为我们不是英语母语者，所以我们大部分人的英语发音都不标准，但这并不影响我们和外国人交流。

而且，孩子更喜欢父母亲口说英语或者读书给他们听。即使父母发音不标准，孩子也会通过听英语音频矫正自己的发音，他还会主动纠正父母的发音，这是一个自然而然的过程。其实，孩子学习的不是父母的发音，而是父母说话和阅读的态度。如果你不希望孩子像自己一样，在说英语的时候缺乏自信，表情和声音里充满怯懦，那就从现在开始大大方方地用英语和孩子进行对话吧。如今网络上有很多适合4~7岁儿童的生活类英语视频，相信大家一定可以找到合适的学习资料。希望大家可以克服内心的恐惧，自信大胆地在生活中使用英语，说不定可以获得远超预期的良好效果。

- 该起床了。

  Time to wake up.

- 睡得好吗?

  Did you sleep well?

- 亲我一下。

  Give me a kiss.

- 刷牙。

  Brush your teeth.

- 洗脸。

  Wash your face.

- 卷起你的袖子。

  Roll up your sleeves.

- 用肥皂洗一洗。

  Wash with the soap.

- 把水关掉。

  Turn off the water.

- 让我们把衣服穿上。

  Let's get dressed.

- 吃一口。

  Take a bite.

- 喝一口。

  Take a sip.

- 说"是"。

  Say "Yes".

- 说"谢谢"。
  Say "Thank you".

- 你在幼儿园玩得开心吗?
  Did you have fun at school?

- 幼儿园怎么样?
  How was school?

- 你想吃点儿零食吗?
  Do you want some snacks?

- 你想喝点儿水吗?
  Do you want some water?

- 现在需要收拾干净。
  It's time to clean up.

- 我们得停下来了,对吧?
  It's time to stop now, isn't it?

- 让我们听几首英文歌吧?
  Shall we listen to some English songs?

- 要不要玩医院游戏?
  Shall we play the hospital?

- 要不要玩过家家?
  Shall we play house?

- 你试一下。
  Have a try.

- 你看一下这个。
  Have a look at this.

- 我们来涂色吧。
  Let's color.

- 我们一起来唱歌吧。
  Let's sing together.

- 我们玩陶土吧。
  Let's play with clay.

- 我跟你说过，这个不能做。
  I told you, don't do that.

- 不要说这样的话。
  Don't say that.

- 不可以碰这个，知道吗？
  Don't touch that. Okay?

- 你的手太脏了，快去洗手吧。
  Your hands are dirty. Go wash your hands.

- 晚餐已经准备好了。
  Dinner is ready.

- 我们去洗澡吧。
  Let's take a shower.

- 该睡觉了。
  It's time to sleep.

有趣的英语儿歌教学

孩子们还可以通过英语儿歌来学习英语。虽然他们还不会英语，但是在听英文儿歌的过程中可以自然而然地将歌词背下来，并且能流利地跟唱。每个孩子都具备这样的能力。在动画电影《冰雪奇缘》热映的时候，不少孩子都会演唱它的英文主题曲；还有很多孩子喜欢唱《鲨鱼宝宝》（*Baby Shark*）这首儿歌的英文版。跟唱英语儿歌既不复杂，又充满乐趣，孩子为了唱得更好还会反复听儿歌。如果孩子认识英文单词，在熟悉了歌曲之后，可以看着歌词跟唱，这样有助于提升其阅读能力。通过英语儿歌学英语的最大优点就是可以毫无压力地享受学习。

孩子在唱歌的时候，如果能够配上肢体动作和手势，效果会更佳。孩子的身体记忆非常强，让孩子根据儿歌的节奏编排自己的专属动作，这样每当唱起这首歌的时候，他就能随着音乐起舞，这对记忆歌词很有帮助。网络上有许多英语儿歌资源，希望大家可以好好利用。

对 4~7 岁的孩子来说，父母的一个重要职责就是教孩子如何愉快地学习。这也是很多父母明明自己英语不是很好却能教孩子学好英语的原因。如果孩子学会唱 10 首英文儿歌，就会形成自我激励，主动学习新的歌曲，并享受演唱英语儿歌的过程。这样的话，即便不上英语补习班，孩子的英语水平也能快速提升。我希望所有父母都够能见证这种方法的神奇效果，体验欣慰和满足。

阅前准备是阅读英语绘本的精髓

给孩子读英语绘本的方式与读中文绘本的方式基本相同。但是，如果孩子听不懂英语绘本里的一些单词，那么他在听故事的时候就很难感受到乐趣。所以父母在开始正式阅读之前，需要进行一些准备活动。典型的阅读准备活动包括和孩子聊一聊与主题相关的知识或经历，让孩子根据书名和封面插图猜一猜故事的主要内容，提前向孩子解释一下书中的重点词汇，给孩子看一些相关的视频资料，等等。给孩子阅读英语绘本的时候，这些阅读前的准备活动特别重要。研究表明，这些准备活动对刚开始学英语的孩子来说效果十分明显。

父母在指导 4~7 岁的孩子学习英语时，需要正确认识母语与英语的关系。过去我们一度将母语视作学习新语言的阻碍因素，但是最新的研究结果表明，母语会强化孩子的沟通技巧，出色的母语能力会对英语的学习产生积极的影响。在给孩子读英语绘本的时候，比起先英语后母语的阅读方式，先母语后英语的阅读方式可以让孩子记住更多的内容。

探索绘本封面是阅读准备活动中最基础的环节，在保育课程大纲中也有关于探索绘本封面的活动，由此可见这是一项非常适合 4~7 岁孩子的活动。绘本的封面常常暗示了绘本的主题与内容，是激发孩子好奇心的第一入口。另外，绘本封面介绍了书名、文字作者、插画作者和出版社等信息，孩子可以展开想象的翅膀，根据封面大胆猜测故事梗概，或者猜测一下书中会发生什么事件。

"哇！真的吗？的确有可能是这样。现在就让我们一起看看书中到底讲了什么吧？"

众多研究表明，如果4~7岁的孩子经常进行像封面探索这样的阅读准备活动，那么他们在英语阅读态度、英语学习兴趣和英语表达能力方面都会有更突出的表现。

在阅读过程中单词十分重要，因为只有认识单词，才能理解内容。如果孩子不认识的单词太多，会导致其阅读积极性下降。同时，陌生的单词会极大地阻碍孩子对文本内容的理解和判断，因此最好提前向孩子讲解陌生单词，这样有助于他理解文本。

那么，我们该挑选哪些单词给孩子讲解呢？在挑选单词的时候，应该选择那些与主题相关度较高的单词、反复出现的单词，或者书中的插图已经给出明确解释的单词。另外，挑选的单词不宜太多。因为孩子积极的态度才是最重要的，如果孩子觉得需要了解的单词太多，可能会拒绝阅读。因此，孩子在阅读绘本的时候，即便遇到了没有解释的陌生单词也没关系，自然跳过即可。父母可以将选好的单词制作成卡片，如果能给单词卡配上图片，那就再好不过了，但是如果做不到，就直接将单词写在纸上，解释完含义之后再带领孩子大声朗读几次。

如果条件允许的话，父母应该尽量选择拟声词和拟态词比较多、韵律强且字数较少的绘本读给孩子听，因为这样孩子可以像唱歌一样跟读，没有阅读的负担。父母可以先跟孩子一起看封面插图猜测故事的内容，然后给孩子读一遍中文译文，最后再介绍一些陌生词语。把这些准备活动都做完以后,再开始正式阅读。下面这几本书非常适合给刚开始学英语的孩子阅读,有助于孩子快速培养英语语感。

- 《我们一起去猎熊》
  (*We're Going on a Bear Hunt*)
- 《大卫,不可以》
  (*No, David!*)
- 《晚安,月亮》
  (*Goodnight Moon*)
- 《小蒂奇》
  (*Titch*)
- 《午夜厨房》
  (*In the Night Kitchen*)

为终身学习力夯实基础的 4~7 岁体能游戏

如果想让自己的孩子擅长学习,父母就必须牢记一个重要的事实,那就是运动对孩子的注意力、自我调节能力以及学习能力都有直接的影响。

美国佛蒙特大学心理学教授贝齐·霍扎(Betsy Hoza)的研究团队以 8~10 岁的 ADHD 儿童为对象,重点研究运动与 ADHD 在注意力集中层面有何关联性。研究结果表明,与不做任何运动的儿童相比,每天早上进行有氧运动的儿童的注意力集中程度大幅度提升,阅读和数学能力也有所提高。

英国斯特灵大学研究团队以 5463 名平均年龄在 9 岁的学生为对象进行了研究,研究课题是以跑步(或其他运动)15 分钟后和结束跑步 20 分钟后为时间节点,分别用电脑检测学生的认知能力,包括注意力和专注力等。研究结果表明,与只休息没有做运动的学生相比,做运动的学生的注意力和专注力都有所提升。另外,刚结束运动时的检查结果并没有发现明显的差异，这说明对注意力产生积极影响的不是运动本身，而是运动所带来的积极情绪。另外一项研究对比了阅读 20 分钟的群体与在跑步机上运动 20 分钟的群体，结果显示在注意力、阅读能力、数学能力以及脑波测评等方面，运动群体的表现更好。

除此之外，韩国的一项研究也表明，平衡感越强，参与活动性游戏或者体育运动的时间越长的孩子，其自我调节能力就越高。而且，走路越多的孩子，其冲动性就越低。也就是说，对于处在成长期的孩子来说，舒展筋骨的体能游戏不仅有利于保持身体健康，而且也有助于提升其自我调节能力、注意力及认知能力。我们需要关注这样一个事实：不是坐在书桌前努力学习，注意力和学习力就会自然而然得到提升，运动对注意力和学习力的提升帮助更大。

20 世纪 50 年代，加拿大的神经外科医生怀尔德·潘菲尔德（Wilder Penfield）绘制并发表了"潘菲尔德侏儒图"（Homunculus of Penfield）。这张图是将大脑中与各身体部位感觉相关的感觉皮层的区域分布情况换算成皮肤面积制作而成的小矮人模型。这个小矮人的手非常大，嘴巴、舌头、耳朵、鼻子和眼睛也不小。我们从婴儿用手抓住物体放进嘴里来探索世界、对声音非常敏感和不停四处打量的样子中就能确认这一点。与手相连的神经细胞数量最多，也就意味着手部接收到的刺激对大脑的影响最大。另外，刺激眼睛、鼻子、嘴巴、耳朵等五感的活动也是促进儿童大脑发育过程中必不可少的一环。

学者们的研究告诉了我们一个非常重要的事实：视觉、听觉、嗅觉、触觉、味觉这五种感觉会刺激人体的感觉神经和运

潘菲尔德侏儒图——感官侏儒

动神经,并促进其发育,即使是对成年人来说,发达的五感也会增强其自身的可塑性,为未来的成功生活带来更多可能。特别是手对大脑神经的发育影响最大,如果能够对其给予更多的刺激,提供更多的活动机会,那么它对认知、情绪和语言发育的影响也会增强。因此,为了孩子的身心健康和学习力的提升,身体活动不是可有可无的选项,而是不可或缺的要素。

因此,4~7岁孩子的父母应该开动脑筋,为孩子制订科学的身体活动计划,保证孩子每天出门活动一两个小时。活动场所不限,可以是小区游乐场、休闲步道,也可以是附近的公园。父母也可以带着孩子一起进行一些能够活络筋骨的体能游戏。

4~7岁是人体大肌群和小肌群发育的决定性时期,身体的敏捷性、协调性和平衡感等功能60%都在这一时期形成。因此,父母要像准备一日三餐一样,保证孩子每天进行充足的运动,例如散步、跑步、投球等，以锻炼大肌群。如果条件允许，父母可以经常带孩子去真实的户外环境，让孩子可以尽情体验搬东西、在游乐场玩耍、乘坐各种游乐设施、随着音乐跳舞、上下楼、角色扮演、给树木浇水、为父母跑腿等各种活动。另外，各种与手部动作相关的、可以锻炼小肌群的活动对孩子的身体发育和学习力的提升也是十分重要的，比如折纸、剪纸、画画、涂色、贴纸、写字、使用筷子和勺子、捏橡皮泥、搭积木、编织，等等。这样的活动不仅对孩子视觉运动协调能力和听觉运动协调能力的发展有积极的影响，而且能让孩子收获敏捷处理问题的能力。

孩子们的学习之旅即将开启。对孩子来说，学习不应该是困难重重的艰辛之路，而应该是充满乐趣的探秘之旅。孩子在愉快玩耍、快乐奔跑、专注投入的过程中，就可以学习和领悟到很多东西。最后，我希望大家都能够成为用智慧帮助孩子茁壮成长的新一代父母。